Bernhard Schmidt

Die Thorfrage in der Topographie Athens

Bernhard Schmidt

Die Thorfrage in der Topographie Athens

ISBN/EAN: 9783743391192

Hergestellt in Europa, USA, Kanada, Australien, Japan

Cover: Foto ©ninafisch / pixelio.de

Manufactured and distributed by brebook publishing software (www.brebook.com)

Bernhard Schmidt

Die Thorfrage in der Topographie Athens

PROGRAMM

WODURCH

ZUR FEIER DES GEBURTSFESTES

SEINER KOENIGLICHEN HOHEIT

UNSERES DURCHLAUCHTIGSTEN GROSSHERZOGS

FRIEDRICH

IM NAMEN DES

AKADEMISCHEN SENATES

DIE ANGEHOERIGEN DER

ALBERT-LUDWIGS-UNIVERSITAET

EINLADET

DER GEGENWAERTIGE PRORECTOR

Dr. BERNHARD SCHMIDT.

INHALT:
DIE THORFRAGE IN DER TOPOGRAPHIE ATHENS.

FREIBURG I. B. 1879.
DRUCK VON B. G. TEUBNER IN LEIPZIG.

Wieder nahet sich der Tag, an welchem Badens Volk in weihevoller Stimmung in die Kirchen zieht, um des Himmels Segen für das Wohl seines geliebten Grossherzogs zu erflehen. Und uns, den Angehörigen der Albert-Ludwigs-Universität, die wir in dem ebenso freisinnig als gewissenhaft Seines hohen Berufes wartenden Landesherren zugleich auch unseren Rector magnificentissimus verehren, welcher dem Gedeihen der altehrwürdigen Bildungsstätte des Breisgaus Seine liebevoll schützende und fördernde Theilnahme nie versagt, gebietet wahrlich nicht kaltes Pflichtgefühl, sondern des Herzens lautere Stimme, unsere Glück- und Segenswünsche an geheiligter Stätte mit dem ganzen Lande zu vereinigen.

Die bescheidene Festgabe, die wir nach hergebrachtem guten Brauche unserem erhabenen Schirmherrn alljährlich am neunten September als ein Zeugniss des wissenschaftlichen Lebens und Strebens an Seiner Hochschule darbringen, beschäftigt sich diesmal mit der vornehmsten Stadt eines alten Volkes, welches ungeachtet einer unvergleichlichen Cultur, von der die Menschheit noch heutigen Tages zehrt, nach verhältnissmässig kurzer Blüthe in Knechtschaft sank, weil es den Particularismus seiner Stämme und Staaten nicht zu überwinden vermochte. Unser Vaterland zeigte in seiner Zersplitterung eine mehr als oberflächliche Aehnlichkeit mit dem alten Griechenland. So oft wir auf die jüngste und grossartigste Epoche der deutschen Geschichte zurückblicken, in welcher unserer Väter heisses Sehnen nach Kaiser und Reich seine endliche Erfüllung fand, wie sollten wir da nicht zugleich mit inniger Dankbarkeit und gerechtem Stolze unseres edlen Fürsten gedenken, der, selbstlos und opferfreudig, mit beharrlichem Ernst dem grossen Ziele unserer nationalen Einigung nachgestrebt und an dem glücklichen Gelingen einen so hervorragenden Antheil hat? Darum wird auch **Friedrichs von Baden** Name nicht allein in den schönen Gauen Seines eignen Landes, sondern überall, soweit die deutsche Zunge klingt, mit ehrfurchtsvoller Zuneigung genannt, und noch die spätesten Geschlechter werden die durch Thaten bewährte echt patriotische Gesinnung unseres Fürsten preisen.

Gott
schütze und schirme unseren Grossherzog
zum Heile Badens und des gesammten Vaterlandes!

DIE THORFRAGE
IN DER TOPOGRAPHIE ATHENS

VON

BERNHARD SCHMIDT.

Obwohl die Topographie des alten Athen seit den in den ersten Jahrzehnten unsres Jahrhunderts entstandenen grundlegenden Arbeiten des hochverdienten britischen Obersten Martin Leake im einzelnen erheblich gefördert worden ist, so muss man doch bekennen, dass dieser Erfolg fast ausschliesslich den Ergebnissen neuer Ausgrabungen und Terrainuntersuchungen oder zufälligen Funden verdankt wird. Was dagegen diejenigen Fragen betrifft, deren Lösung der Natur der Sache nach vorzugsweise von der Combination erwartet werden muss, so ist nur in sehr wenigen Fällen Uebereinstimmung unter den Sachkundigen erreicht und somit nur ein geringer Fortschritt der Disciplin in dieser Hinsicht herbeigeführt worden. Ausser der Bestimmung des Lykabettos, des Gaues Melite, des Barathron und der Lage der Agora in der Niederung nördlich und nordöstlich vom Areshügel, welche meines Wissens nur Forchhammer auch jetzt noch bekämpft, wüsste ich kaum etwas dieser Art zu nennen, das als wissenschaftliches Gemeingut betrachtet werden dürfte. Ist doch selbst der alte Streit über die fundamentale Frage, von welchem Thore aus Pausanias seine Stadtbeschreibung begonnen habe, noch immer nicht geschlichtet! Und doch halte ich es — natürlich unter Voraussetzung des guten Willens aller — für möglich, dass man über diese und ein paar andere Grundfragen der athenischen Topographie sich einige. Zur Erreichung dieses Zieles ein Weniges beizutragen ist der Zweck der nachfolgenden Abhandlung, welche ausschliesslich mit der Thorfrage sich beschäftigt, deren Wiederaufnahme jetzt, nach endlicher Auffindung des Dipylon, vor allem geboten erscheint. Ich habe, nach früherem zweimaligen Aufenthalte in Athen, im vergangenen Winter die Ergebnisse der jüngsten Ausgrabungen an Ort und Stelle studirt, die Terrainverhältnisse möglichst genau wieder beobachtet und überhaupt alle einschlägigen Fragen von neuem geprüft. Ein Theil der nachfolgenden Bemerkungen ist in Athen selbst unter steter Betrachtung der Oertlichkeiten niedergeschrieben.

Nachdem Pausanias I, 1, 2—5 von den Häfen der Athener gesprochen hat, wendet er sich noch in § 5 zu der Strasse, die von Phaleron nach Athen führte, und nennt als an derselben gelegen einen halbverbrannten Tempel der Hera. Darauf erwähnt er zu Anfang des 2. Capitels das beim Eintritt in die Stadt (ἐcελθόντων δὲ ἐc τὴν πόλιν) befindliche Grabmal der Amazone Antiope, worauf er plötzlich abbricht und auf die vom Piräeus heraufführende Strasse übergeht (ἀνιόντων δὲ ἐκ Πειραιῶc 2, 2). Hier erwähnt er zunächst die Ueberreste der von Konon nach seinem Seesiege bei Knidos wiederaufgerichteten langen Mauern, und sodann einige am Wege befindliche Grabmäler, nämlich das des Menander, ferner ein Kenotaphion des Euripides und zuletzt 'nicht weit vom Stadtthor' (οὐ πόρρω τῶν πυλῶν § 3) ein ihm unbekannt gebliebenes Grabmal mit der Darstellung eines neben seinem Rosse stehenden Kriegers von der Hand des Praxiteles.[1]) Weiter führt er als beim Eingang in die Stadt gelegen ein Gebäude für die Ausrüstung der Festzüge an, worunter das aus andren Zeugnissen uns bekannte Pompeion zu verstehen ist. Um die Lage desselben zu bezeichnen, gebraucht der Perieget genau denselben Ausdruck, dessen er sich vorher bei Erwähnung des Amazonengrabmals bedient hat, welches man sah, wenn man von Phaleron her die Stadt betrat, er sagt an beiden Stellen ἐcελθόντων δὲ ἐc τὴν πόλιν.

Dass nun Pausanias dasjenige Thor Athens, zu welchem er von Phaleron her gelangt oder, genauer gesprochen, seine Leser führt, nicht mit Namen genannt hat, kann nicht im mindesten befremden, da von dort her eben nur eine einzige Strasse nach der Stadt führte und demnach auch nur ein einziges Thor — nämlich das itonische, wie wir aus einem andren Zeugniss wissen — in dieser Gegend vorhanden war, welches besonders zu bezeichnen ihm über-

---

1) Dass dieselbe kein Relief, sondern eine Statuengruppe war, zeigt die Art des Ausdruckes: Πραξιτέλης δὲ καὶ τὸν ἵππον καὶ τὸν cτρατιώτην ἐποίηcεν.

flüssig erscheinen konnte. Ganz anders verhielt es sich aber bekanntlich mit der Verbindung zwischen dem Piräeus und Athen. Hier gab es, wie schon das Terrain und noch vorhandene Spuren deutlich zeigen, zum mindesten vier Wege, die man einschlagen konnte, um in die Stadt zu gelangen. Erstens führte eine Strasse in der Schlucht zwischen dem Museion und dem sogenannten Pnyxhügel herauf, und zwar eine Fahrstrasse, wie die noch heute hier im Felsboden sichtbaren tiefen Wagengeleise und die Querrillen lehren, die man zwischen den ersteren eingehauen, um das Auftreten der Thiere auf dem steilen und glatten Terrain zu erleichtern und zu sichern.¹) Sodann gab es einen Weg zwischen dem Pnyxhügel und dem sogenannten Nymphenhügel, welcher zwar erst unweit der Stadt von der oben bezeichneten Fahrstrasse sich abgezweigt zu haben scheint²), aber in ein besonderes Stadtthor ausmündete, dessen Reste auf dem Sattel beider Höhen noch jetzt vorhanden sind, wie denn auch das Terrain ganz deutlich zeigt, dass hier ein Thor gewesen sein muss. Drittens kam noch weiter nördlich eine Strasse zwischen dem Nymphenhügel und demjenigen, auf welchem die kleine Kapelle des heiligen Athanasios³) steht, herauf, und auch hier erkennt man noch heute westlich unterhalb der erwähnten Kapelle dicht an der modernen Strasse die Fundamente eines Thores, die, beiläufig bemerkt, vollständiger freigelegt zu werden verdienten. Endlich lief noch weiter nördlich die das hügelige Terrain vollständig umgehende Strasse, welche in dem unter dem Namen des Dipylon bekannten Thorgebäude endigte.

Trotz dem Vorhandensein dieser verschiedenen Thore also, die die verschiedenen aus dem Piräeus nach der Stadt heraufführenden Wege aufnahmen, sagt uns Pausanias mit keiner Silbe, durch welches derselben er geht, d. h.

---

1) Zu Leakes Zeit waren in der Schlucht die Spuren des Thores noch zu sehen: vgl. Topogr. Athens, 2. Ausgabe, S. 166 d. deutschen Uebers.

2) Das macht die Bodenbildung sehr wahrscheinlich, wie sich jeder überzeugen kann, der sich die Mühe nimmt den Spuren beider alten Wege bis jenseits des Hügelterrains nachzugehen. Und schon Forchhammer, Topographie von Athen S. 27 hat es hervorgehoben.

3) So, nicht des Anastasios, nennt sie das Volk, was ich gegen R. Schöll in der Jenaer Literaturzeitung 1875, S. 690 bemerke. Ebenso heisst das Kirchlein auf der Köhler'schen 'Orchestra'.

von wo aus er seine Stadtbeschreibung beginnt. Und so ist es denn gekommen, dass wirklich alle vier Thore von den verschiedenen Gelehrten für ihn in Anspruch genommen worden sind.[1]) Neuerdings dreht sich der Streit wesentlich um das Dipylon und das zwischen dem Athanasios- und Nymphenhügel gelegene Thor, welches man gewöhnlich als das piräische ansieht; nur dass Forchhammer seine alte, schon durch die Bodenbeschaffenheit sich widerlegende Ansicht, dass Pausanias seine Stadtbeschreibung von dem Thore zwischen Museion und Pnyxhügel begonnen habe, in welchem er seinerseits das piräische Thor erkennt — das er übrigens viel weiter nach Westen, d. h. nach dem Piräeus zu zurücklegt —, auch jetzt noch aufrecht hält.[2]) Man hat viel Gelehrsamkeit und zum Theil auch Scharfsinn aufgeboten, um den Weg des alten Periegeten festzustellen. Aber die Frage, die vor allem aufgeworfen werden musste, und deren richtige Beantwortung nach meiner Ansicht allein schon zu einem sicheren Ergebniss führt, hat sich, wie es scheint, niemand ernstlich gestellt, nämlich wie es denn nur möglich war, dass ein Mann wie Pausanias, der die eingehende Beschreibung Griechenlands zur speciellen Aufgabe sich gemacht hatte, gleich bei der ersten und berühmtesten Stadt, die er behandelt, das Thor nicht mit Namen nennt, von welchem er in seiner Beschreibung ausgeht, sondern nur ganz im allgemeinen und unbestimmt von πύλαι redet, nachdem er ebenso unbestimmt von der aus dem Piräeus heraufführenden Strasse gesprochen hat? Man hat diese Unterlassung wohl einfach auf Flüchtigkeit oder Ungeschicklichkeit des Schriftstellers zurückgeführt, ohne zu bedenken, dass man damit seine ganze Auctorität in Frage stellt. Ist denn Pausanias auch in den übrigen Büchern seines Werkes so flüchtig oder ungeschickt oder, sagen wir richtiger, so einfältig, dass er durch Verschweigung des zur Orientirung unumgänglich Nothwendigen den Leser so zu sagen im Dunklen tappen lässt? Ich wähle absichtlich nur solche Stellen, wo von Wegen in eine Stadt hinein oder aus einer Stadt heraus die Rede ist: IX, 8, 7 Ἐρχομένῳ δὲ ἐκ Πλαταιᾶς ἔσοδος ἐς τὰς Θήβας κατὰ πύλας ἐστὶν Ἠλέκτρας.

---

1) Das Thor zwischen Pnyx- und Nymphenhügel wenigstens von Leake in der ersten Auflage seiner Topographie sowie von Kruse.
2) S. Philologus B. XXXIII, S. 123 ff.

18, 1 Ἐκ Θηβῶν δὲ ὁδὸς ἐς Χαλκίδα κατὰ πύλας ταύτας ἐςτὶ τὰς Προιτίδας. 25, 4 Κατὰ δὲ τὴν ὁδὸν ἀπὸ τῶν πυλῶν τῶν Νηϊςτῶν τὸ μὲν Θέμιδός ἐςτιν ἱερόν u. s. w. II, 25, 1 Ἡ δ' ἐς Μαντίνειαν ἄγουςα ἐξ Ἄργους ἐςτὶν οὐχ ᾗπερ καὶ ἐπὶ Τεγέαν, ἀλλὰ ἀπὸ τῶν πυλῶν τῶν πρὸς τῇ Δειράδι, und kurz darauf in § 4 Ἑτέρα δὲ ὁδὸς ἀπὸ τῶν πυλῶν τῶν πρὸς τῇ Δειράδι ἐςτὶν ἐπὶ Λύρκειαν. VIII, 36, 5 Μεγαλοπολίταις δὲ διὰ τῶν ἐπὶ τὸ ἕλος ὀνομαζομένων πυλῶν, διὰ τούτων ὁδεύουςιν ἐς Μαίναλον u. s. w. Also in anderen Theilen seiner Periegese, eben da, wo es ihm nöthig scheint, hat Pausanias die namentliche Anführung der Thore nicht unterlassen, hat nach ihnen die Wege, welche er meint, bezeichnet. Auch daran dürfte es nicht unnütz sein noch zu erinnern, dass er bei der Beschreibung der Altis in Olympia, in die es mehrere Eingänge gab, den von den Processionen benutzten, nach welchem er zu wiederholten Malen die Lage von Baulichkeiten und Stiftungen bestimmt, immer durch die genaue Bezeichnung πομπικὴ ἔςοδος von den übrigen unterscheidet. Vgl. V, 15, 2 (sogar zweimal hinter einander); ebendas. § 7, und VI, 20, 7. Bei aller Ungeschicklichkeit in Ausdruck und Darstellung hat er sich doch meines Wissens nirgends in seinem ganzen Werke einen Unterlassungsfehler zu Schulden kommen lassen, der demjenigen gleich käme, welchen man ihm hier zutraut. Man hat überhaupt, wie mir scheinen will, das erste Buch und speciell die Beschreibung Athens zu wenig mit den übrigen Theilen seiner Periegese verglichen, sondern mehr für sich allein betrachtet und auch bei dieser Sonderbetrachtung die philologische Hermeneutik, die zunächst die Aufgabe hat einen Schriftsteller aus sich selbst zu erklären, nicht streng genug gehandhabt: dadurch dass man von Anfang an unser sonstiges Quellenmaterial hereinzog, hat man sich mehrfach den Blick für eine unbefangene Interpretation des Pausaniastextes getrübt. Nun werden freilich manche geneigt sein auch auf unsere Frage anzuwenden, was schon so oft, neuerdings wieder von Curtius[1]) und von Wachsmuth[2]), ausgesprochen worden ist, dass Pausanias bei Abfassung des ersten Buchs eben noch unreif gewesen sei, dass er gerade die schwierigste Aufgabe zuerst, am Anfang seiner schriftstellerischen Entwickelung, unter-

---
1) Attische Studien II, S. 15.
2) Die Stadt Athen im Alterthum I, S. 42.

nommen, dass die in Athen besonders grosse Zahl der Merkwürdigkeiten ihn in Verwirrung gebracht habe. Richtig ist allerdings, dass Pausanias in den späteren Büchern etwas mehr stilistische Gewandtheit und Geschick in der Anordnung¹) zeigt, auch dass er relativ ausführlicher ist als im ersten Buche. Allein damit erklärt man nicht die Schwierigkeit, die uns hier beschäftigt. Denn zu der Einsicht, dass bei Vorhandensein mehrerer gleich frequenter Wege aus dem Piräeus nach Athen die genauere Bezeichnung des Thores, durch welches der Leser geführt wird, unbedingt nothwendig sei, gehört keine schriftstellerische Begabung oder Geübtheit, sondern einfach nur ein wenig gesunder Menschenverstand, den man dem Pausanias nicht wird absprechen können, wie gering man auch sonst über seine Fähigkeiten denken möge.²) Ausserdem muss noch darauf hingewiesen werden, dass es auch im ersten Buche und speciell in den die Stadt Athen behandelnden Capiteln keineswegs an topographischen Bestimmungen fehlt, welche an Klarheit und Genauigkeit nichts zu wünschen übrig lassen und dem alten Periegeten alle Ehre machen.³)

Wie sollen wir nun die Schwierigkeit lösen? An eine Verderbniss des

---

1) Das gibt sich namentlich in der Vermeidung der langen Abschweifungen und in dem grösseren Reichthum an Redewendungen zu erkennen. Dergleichen lebhaftere, direct an den Leser gerichtete Wendungen, wie z. B. VII, 25, 5 Μετὰ δὲ Ἑλίκην ἀποτραπήσῃ τε ἀπὸ θαλάσσης ἐς δεξιάν, καὶ ἥξεις ἐς πόλισμα Κερύνειαν, VIII, 11, 1 Μετὰ δὲ τὸ ἱερὸν τοῦ Ποσειδῶνος χωρίον ὑποδέξεταί σε δρυῶν πλῆρες, und § 2 Εἰ δὲ — ἐς ἀριστερὰν ἐκτραπῆναι θελήσειας u. s. w., V, 14, 4 Φέρε δή, ἐποιησάμεθα γὰρ βωμοῦ τοῦ μεγίστου μνήμην, ἐπέλθωμεν καὶ τὰ ἐς ἅπαντας ἐν Ὀλυμπίᾳ τοὺς βωμούς (vgl. noch VI, 17, 1. VIII, 28, 1. 35, 1. X, 5, 2) finden sich im ersten Buche nirgends, wenn man von C. 21, 3 a. E. absieht, wo aber die Bemerkung über das Bild der Niobe auf dem Sipylos sehr wohl ein nachträglicher Zusatz sein kann.

2) Für das Verdammungsurtheil, welches neuerdings Wilamowitz im Hermes XII, S. 346 ff. über Pausanias gefällt hat, warte auch ich, gleich Schöll ebds. XIII, S. 436, vor der Hand stärkere Stützen ab, als die dort beigebrachten sind.

3) Man betrachte Stellen wie 21, 3 Ἐπὶ δὲ τοῦ νοτίου καλουμένου τείχους, ὃ τῆς ἀκροπόλεως ἐς τὸ θέατρόν ἐστι τετραμμένον, ἐπὶ τούτου Μεδούσης — ἀνάκειται κεφαλή, und § 5 Ἐν δὲ τῇ κορυφῇ τοῦ θεάτρου σπήλαιόν ἐστιν ἐν ταῖς πέτραις ὑπὸ τὴν ἀκρόπολιν, und 28, 4 Καταβᾶσι δὲ οὐκ ἐς τὴν κάτω πόλιν, ἀλλ' ὅσον ὑπὸ τὰ προπύλαια, πηγή τε ὕδατός ἐστι u. s. w. Vgl. noch 21, 4. 22, 1 und besonders die Beschreibung der Oertlichkeit des Stadions am Ende von C. 19.

Textes, d. h. den Ausfall des Thornamens, ist nicht zu denken, dafür fehlt jeder Anhalt. Es erklärt sich aber die Unterlassung einer genaueren Bezeichnung des Thores unter einer einzigen Voraussetzung, nämlich dass zur Zeit des Pausanias von den verschiedenen die Wege aus dem Piräeus aufnehmenden Stadtthoren eines durch Bedeutung und Häufigkeit der Benutzung so sehr alle anderen überragte, so sehr Haupt- und eigentliches Verkehrsthor war, dass der Perieget eine Bezeichnung desselben mit Namen gar nicht für nöthig erachtete. Ein solches Thor nun kennen wir aus jener Zeit in der That, das war eben das sogenannte Dipylon. Livius XXXI, 24, 9, welcher hier aus Polybios geschöpft hat, sagt uns ausdrücklich, dass dieses Thor beträchtlich grösser und geräumiger als alle übrigen sei, dass es 'gleichsam an der Mündung der Stadt' liege, worunter nichts anderes als der Haupt-Aus- und Eingang derselben verstanden werden kann, dass von seiner Innen- und Aussenseite breite Strassen auslaufen.[1]) Aus Polybios selbst, XVI, 25, wissen wir, dass König Attalos I. vom Piräeus aus durch das Dipylon seinen feierlichen Einzug in Athen hielt. Und dass diese Strasse in der späteren Zeit überhaupt die λεωφόρος, die gewöhnliche und eigentliche Verkehrsstrasse zwischen der Hafenstadt und dem Asty war, lehren mehrere Stellen Lukians mit völliger Evidenz. In dem Dialoge Πλοῖον ἢ Εὐχαί sind vier Männer, Lykinos, Timolaos, Samippos und Adeimantos, hinunter in den Piräeus gegangen, um ein Tags zuvor hier eingelaufenes ungewöhnlich grosses ägyptisches Getreideschiff sich anzusehen. Bei Besichtigung desselben verlieren die drei ersten den vierten aus den Augen und treten dann ohne ihn die Rückkehr nach Athen an. Unterwegs aber holen sie den Adeimantos wieder ein, der vorausgegangen ist und in seiner Vereinsamung es sich recht schön ausgemalt hat, wie glücklich er in Zukunft leben würde, wenn plötzlich eine Gottheit den eben gesehenen prächtigen Kauffahrer ihm zu eigen gäbe. Auf den Vorschlag des Timolaos nun verabreden die Gefährten, um sich durch ein angenehmes Gespräch den noch übrigen

---

1) porta ea, velut in ore urbis posita, maior aliquanto patentiorque quam ceterae est, et intra eam extraque latae viae sunt. Ueber die Worte velut in ore vgl. Weissenborn zu d. St.

Weg zu kürzen, dass ein jeder von ihnen der Reihe nach seine Herzenswünsche vortragen solle. Lykinos, welcher der letzte sein will, sagt C. 17 ἐγὼ δὲ ὀλίγον ὅσον ἡμιστάδιον τὸ πρὸ τοῦ Διπύλου ἐπιλήψομαι τῇ εὐχῇ, und als er dann C. 46 aufgefordert wird anzugeben, was er sich wünsche, lehnt er dies ab mit den Worten: 'Aber ich brauche ja keinen Wunsch zu äussern, denn wir sind ja bereits beim Dipylon angelangt (ἥκομεν γὰρ δὴ πρὸς τὸ Δίπυλον)'. Wachsmuth, Die Stadt Athen I, S. 190 sucht sich mit diesem für seine Ansicht unbequemen Zeugniss in der Weise abzufinden, dass er sagt, wer Zeit hatte, sei damals von der Hafenstadt nach der Capitale durch das Dipylon gegangen. Allein nichts in dem ganzen Dialoge berechtigt zu einer solchen Auffassung, auch nicht die möglicher Weise von Wachsmuth ins Auge gefassten, aber in ganz anderem Zusammenhange gesagten und nur auf das Hinuntergehen in den Piräeus sich beziehenden Worte des Timolaos am Eingange des Gesprächs: Τί γὰρ ἔδει καὶ ποιεῖν, ὦ Λυκῖνε, σχολὴν ἄγοντα u. s. w. Ja es gibt mehrere Stellen in dem Dialoge, welche jene Auffassung sogar bestimmt ausschliessen. Denn, um darauf kein besonderes Gewicht zu legen, dass C. 4 bei der Berathschlagung der drei Zusammengebliebenen, ob sie den Rückweg antreten oder auf den ihren Augen entschwundenen Adeimantos warten sollen, Samippos dafür stimmt fortzugehen, indem er geltend macht, dass sie vielleicht in Athen die Palästra noch offen finden werden — wiewohl ja auch diese Begründung jedenfalls zeigt, dass die Geführten nicht blos aus Ueberfluss an Zeit durch das Dipylon zurückkehren —, so beweist die Art, wie sie wiederholt von ihrem Wege sprechen, dass sie die gewöhnliche Strasse gehen. Vgl. C. 4 ἀλλ' οἶδε τὴν ὁδὸν Ἀδείμαντος, und C. 14 καὶ ταῦτα ἐν τῇ κατὰ τὴν ἐκ Πειραιῶς ἐς τὸ ἄστυ. Und wenn Adeimantos für den gesetzten Fall plötzlich erlangter ungeheurer Reichthümer C. 24 unter anderen dem Staate zugedachten Wohlthaten das Meer bis zum Dipylon leiten will[1]), so lehrt auch diese Träumerei, dass hier der Haupteingang in die Stadt auch vom Piräeus her war, und die ganze Vorstellung berührt sich

---

1) τῇ πόλει δὲ ταῦτα ἐξαίρετα παρ' ἐμοῦ ὑπῆρξεν ἄν, — καὶ τὴν θάλατταν ἄχρι πρὸς τὸ Δίπυλον ἥκειν κἀνταῦθά που λιμένα εἶναι ἐπαχθέντος ὀρύγματι μεγάλῳ τοῦ ὕδατος, ὡς τὸ πλοῖόν μου πλησίον ὁρμεῖν καταφανὲς ὂν ἐκ τοῦ Κεραμεικοῦ.

merkwürdig mit derjenigen, die dem oben angeführten Ausdrucke des Livius 'porta — velut in ore urbis posita' zu Grunde liegt. Hierzu kommen nun noch zwei weitere Stellen aus anderen Dialogen Lukians, welche nicht minder beweisend sind, obwohl sie meines Wissens noch niemand für die Thorfrage verwerthet hat. In dem vierten der Hetärendialoge hat der junge Charinos seinem Liebchen Melitta grollend den Rücken gekehrt, weil er aus dem Piräeus zurückkommend, wohin er von seinem Vater geschickt worden war, um eine Schuld einzutreiben, im Kerameikos an einer Wand etwas gelesen hat, woraus er auf ein heimliches Verhältniss der Melitta zu einem anderen glaubt schliessen zu müssen. Als nun Melitta ihre Sklavin ausschickt, nachzusehen, was denn eigentlich dort geschrieben stehe, findet diese rechts vom Eingang in die Stadt beim Dipylon (ἐcιόντων ἐπὶ τὰ δεξιὰ πρὸς τῷ Διπύλῳ § 3) die Worte angeschrieben: 'Melitta liebt den Hermotimos', und darunter: 'Der Schiffsherr Hermotimos liebt Melitta'.[1]) Also war auch Charinos aus dem Piräeus zurückkehrend durch das Dipylon in die Stadt eingetreten. In dem Dialoge Cκύθης endlich lässt Lukian sogar den Skythen Anacharsis, Solons Zeitgenossen, indem er die Einrichtungen späterer Zeiten auf jene alte überträgt, aus dem Piräeus (ἄρτι καταπεπλευκὼc ἀνῄει ἐκ Πειραιῶc C. 3) durch dasselbe Thor nach Athen gelangen. Das letztere wird zwar nicht ausdrücklich gesagt, ergibt sich aber aus der ganzen Schilderung. Denn dem rathlosen Fremdling, der, weil ihm alles so neu und ungewohnt vorkommt, schon den Weg bereut und an Umkehr denkt, tritt plötzlich im Kerameikos sein in Athen ansässiger Landsmann Toxaris entgegen, und dass hier der äussere Kerameikos vor dem Thore zu verstehen ist, zeigen die Worte des Toxaris in C. 5: Τοῦτο μὲν ἥκιcτα ἐρωτικὸν εἴρηκαc, ἐπὶ τὰc θύραc αὐτὰc ἐλθόντα οἴχεcθαι ἀπιόντα.

Dem vereinten Gewicht dieser Zeugnisse gegenüber wird auch Wachsmuth schwerlich noch seine Behauptung S. 190 aufrecht halten wollen, dass

---

[1] Ein hübscher monumentaler Beleg für dergleichen Wandkritzeleien im Kerameikos ist die von Rhousopoulos auf dem Stuckbewurf der Basis des marmornen Stiers dicht hinter dem Grabdenkmal des Dionysios entdeckte und in der Ἐφημερὶc τῶν Φιλομαθῶν 1870, Nr. 736, S. 2068 von ihm veröffentlichte Inschrift Κῶμοc κα[λόc] | καὶ ὁ γράψαc. Hiernach auch bei C. Curtius, Archäol. Zeit. XXIX, S. 14, Anm. 9.

der gewöhnliche Weg nach und aus dem Piräeus zu allen Zeiten durch das andere südlichere Thor (zwischen Nymphen- und Athanasioshügel) gegangen sei. Er stützt diese Behauptung auf die bekannte Stelle in Platons Staat p. 439 E, wo erzählt wird, wie einst Leontios, der Sohn des Aglaïon, vom Piräeus unter der nördlichen Mauer ausserhalb zur Stadt hinaufgegangen sei und bei der Wahrnehmung eines vom Richtplatze herkommenden Geruches von Leichen zugleich ein Verlangen sie zu sehen und einen Widerwillen dagegen empfunden habe. Diese Stelle beweist aber gerade das Gegentheil von dem, was bewiesen werden soll. Nicht von einem gewöhnlichen frequenten Wege, am wenigsten von der grossen Fahrstrasse ist hier die Rede, sondern vielmehr von einem wenig benutzten Fusspfade, den nur ausnahmsweise der oder jener einschlug, um abzukürzen oder aus sonst einem Grunde. Der Ausdruck des Schriftstellers zeigt das ja ganz deutlich. Denn wäre die gewöhnliche piräische Strasse gemeint, würde da Platon den völlig ausreichenden Worten ἀνιὼν ἐκ Πειραιέως noch die in diesem Falle ganz überflüssige und geradezu auffällige, weil so zu sagen topographisch genaue Angabe ὑπὸ τὸ βόρειον τεῖχος ἐκτός hinzugefügt haben? Im wesentlichen das nämliche hat, wie ich sehe, bereits Forchhammer, Topogr. S. 26 gegen Leake geltend gemacht. Curtius, Att. Studien I, S. 8 sagt daher jedenfalls richtig: 'Wenn man den piräischen Fahrweg heraufwanderte und in der Nähe der Stadt rechts abbog, so kam man in diese unheimliche Gegend'. Freilich wendet Wachsmuth a. a. O. Anm. 4 dagegen ein, vom Rechtsabbiegen stehe nirgends etwas geschrieben. Allein wer in richtiger Auffassung der platonischen Stelle den Leontios einen Fusspfad gehen lässt, auf dem er in die unmittelbare Nähe des Barathron kam, der muss ihn allerdings vom piräischen Fahrweg rechts abbiegen lassen. Das lehrt einfach das Terrain. Auch heute führt ein Feldweg ganz nahe an der Stätte des Barathron vorüber aus der Niederung herauf und mündet dann in die Fahrstrasse zwischen Athanasios- und Nymphenhügel etwas oberhalb der alten Thorreste ein.[1]) Das zweite Zeugniss, worauf sich Wachsmuth ausserdem noch beruft, ist der Anfang des von Tischendorf auf einem ägyp-

---

1) Dieser Weg ist auf Kauperts Karten im Atlas von Athen, Bl. I und III genau angegeben.

tischen Papyrus gefundenen Bruchstücks einer Biographie des Philosophen Secundus, wo es nach Sauppes sicherer Lesung im Philol. XVII, 1861, S. 152 heisst: κατέβαινον εἰς Πειραιᾶ. ἦν γὰρ ὁ τόπος ἐκείνῃ ὁ τῶν κολαζομένων. Diese Worte sind so unbestimmt, dass sie eine topographische Verwerthung eigentlich kaum zulassen. Wenn aber wirklich, wie ich allerdings auch glaube, das Barathron damit bezeichnet wird, und man demnach mit Curtius a. a. O. zu übersetzen hat: 'sie gingen den Weg zum Piräeus hinunter, denn in der Nähe desselben befand sich die Richtstätte', so gestehe ich doch schlechterdings nicht zu begreifen, wie man daraus schliessen will, dass selbst noch in der Kaiserzeit der gewöhnlichste Weg zwischen Athen und dem Piräeus dort vorbeigegangen sei, da ja doch für diejenigen, welche den Secundus auf Befehl Kaiser Hadrians zur Richtstätte abführten, der einzuschlagende Weg eben durch die Lage der letzteren vorgezeichnet war. Und um nun einmal, nach Beseitigung dieser nichts beweisenden Zeugnisse, die Sache ganz allgemein zu betrachten, heisst es uns nicht gar zu viel zumuthen, wenn wir glauben sollen, dass die Hauptverkehrsstrasse zu allen Zeiten da gegangen sei, wo man so nahe am Richtplatz vorüberkam, dass man den Leichengeruch von dorther einathmete? Solche Stätten pflegen doch vielmehr ein gutes Stück abseits von den frequenten Wegen in einsamere Gegenden gelegt zu werden. Und so ist es auch in Athen in der That gewesen. Jene Schlucht am westlichen Abhang des Nymphenhügels unterhalb der Sternwarte, wo Curtius unzweifelhaft richtig das Barathron angesetzt hat, ist schon durch die Natur als eine abgelegene deutlich gekennzeichnet, denn auch die Strasse, welche in dem Thoro zwischen dem Nymphenhügel und der Höhe des heiligen Athanasios mündete, ist, obwohl sie offenbar viel weniger stark benutzt wurde, als die zum Dipylon führende, nach den Anhaltspunkten, welche das Terrain darbietet, ein beträchtliches Stück noch weiter westlich in grösserer Tiefe gegangen.

Die Ueberreste des Dipylon sind ja jetzt endlich, Dank dem nicht genug anzuerkennenden Verdienste der archäologischen Gesellschaft in Athen, gefunden und fast ganz vollständig freigelegt: sie geben uns eine genügende Vorstellung von der Grösse und Einrichtung dieser Thoranlage und bestätigen die oben angeführten Worte des Livius. Es ist für das Verständniss meiner weiteren Beweisführung erforderlich, zunächst die Hauptergebnisse dieser wichtigen Ausgrabung hier kurz zusammenzustellen.[1])

Das Ausgrabungsterrain befindet sich am westlichen Stadtrande etwas südöstlich von der kleinen Kirche der Hagia Triada, in deren Umgebung man das Dipylon von jeher angesetzt hat. Aber statt des erwarteten einen Doppelthores hat man zwei, durch ein dazwischen liegendes grosses Gebäude getrennte und nicht parallele, sondern nach dem Stadtinnern zu convergirende Thore aufgefunden. Beide Thore haben zwei Verschlüsse, einen äusseren und einen inneren. Das südwestliche (I auf Altens Plane) ist auf die Strasse nach Eleusis, das nordöstliche (II bei Alten) nach der Akademie gerichtet. Jenes ist das kleinere, schmälere, dieses das grössere, breitere: der zweite Verschluss des letzteren liegt 40,5 M. hinter dem ersten zurück und bildet mit diesem und den Seitenmauern einen Thorhof von ungefähr 769 Quadratmetern.[2]) Dieses sehr stark ausgeführte, am inneren wie äusseren Verschlusse mit vorspringenden massiven Thürmen versehene Thor ist ein wirkliches Doppel- oder Zwillingsthor, d. h. es hat an beiden Seiten zwei Eingänge, die durch je einen Mittelpfeiler gebildet werden, welcher aber nicht in der Axe des Thorhofs steht, sondern der Südwestmauer desselben um ein Beträchtliches näher gerückt ist, als der gegenüberliegenden. Der Mittelpfeiler des äusseren Thorverschlusses ist im ganzen noch wohl erhalten, und kann nach ihm der des inneren, welcher bis auf eine Ecke verschwunden ist, mit völliger Sicherheit ergänzt werden. Dicht hinter dem letzteren, d. h. nach der Stadtseite zu, steht jetzt auf quadratischer Grundfläche ein cylindrischer, laut der Inschrift dem Zeus Herkeios und Hermes Akamas geweiheter Altar (40 bei Alten),

---

1) S. G. v. Alten in den Mittheilungen des deutschen archäol. Institutes in Athen III, 1878, S. 28 ff. und dazu Taf. III und IV. F. Adler, Archäol. Zeitung XXXII, S. 158 ff., mit dem auf S. 157 gegebenen Holzschnitt, welcher auf dem in den Πρακτικά der archäol. Gesellschaft v. J. 1874 veröffentlichten Situationsplane des verstorbenen Professors G. Joh. Papadakis beruht. Vgl. auch den den Protokollen des J. 1873 angehängten gleichfalls von Papadakis herrührenden Plan, der den damaligen Stand der Ausgrabungen veranschaulicht. Ein Plan des unten zu erwähnenden Brunnenhauses auch im Curtius-Kaupert'schen Atlas von Athen S. 12.

2) Alten S. 36.

welcher, in nahem Gemäuer aus später Zeit aufgefunden, von den Leitern der Ausgrabung auf jene Basis gesetzt worden ist und dadurch höchst wahrscheinlich seinen wirklichen ehemaligen Standort wiedererhalten hat.[1]) An die innere Thorfront schliesst sich ostwärts, links vom Eingang in die Stadt, ein oblonges geräumiges mit Marmorquadern gepflastertes Brunnenhaus an, welches, wie die Standspuren auf den Marmorplatten lehren, einst nach der Strasse zu als Säulenhalle sich öffnete, und von dessen ehemaliger starker Benutzung noch heute die abgetretenen Steine des Fussbodens Zeugniss ablegen.[2])

Die beiden Thoranlagen I und II sind an der Aussenseite durch eine aus polygonen Steinen erbaute Quermauer mit einander verbunden, an deren beiden Enden ein die Thore flankirender Thurm sich befindet.[3]) An der Feldseite dieser Mauer, unweit des nordöstlichen Thurmes, steht ein Grenzstein noch aufrecht, dessen beide Seitenflächen die aus ziemlich später Zeit stammende Inschrift ὅρος Κεραμεικοῦ tragen.[4]) Ein zweiter, unglücklicher Weise stark verstümmelter und daher inschriftloser Grenzstein, welcher dem ersteren, wie es scheint, entsprochen hat, ist an einem Mauerstück östlich von dem grösseren Thore (bei 51 auf Altens Plan) gleichfalls in situ gefunden worden.[5])

Was endlich das schon oben kurz berührte, in seinen Fundamenten erhaltene Gebäude zwischen den beiden Thoranlagen betrifft (III bei Alten), so läuft es fast parallel dem kleineren Thore und wird durch zwei Mauern der Länge nach in drei Theile getheilt. Seine westliche Aussenmauer ist durch Pfeiler verstärkt. Es ist im Lichten 21 M. breit, seine Länge lässt sich noch nicht bestimmen, da es nach der Stadt zu noch nicht vollständig aufgedeckt

---

1) Man nimmt, wie ich sehe, allgemein an, dass nicht nur die Grundfläche, sondern der Altar selbst in situ gefunden worden sei. Allein das ist ein Irrthum. S. die Πρακτικά v. J. 1874, S. 12.

2) S. den Plan Altens auf Taf. IV, C.

3) Der nordöstliche dieser Thürme ist erhalten, während der andere der späteren Anlage einer Cloake hat weichen müssen und dann durch einen grösseren, aber schlechter construirten in nächster Nachbarschaft ersetzt worden ist. Vgl. Alten S. 45.

4) Das Mauerstück mit dem sich anlehnenden Grenzstein ist nach einer Zeichnung von Papadakis abgebildet in den Πρακτικά v. J. 1872.

5) Πρακτικά v. J. 1874, S. 15 f. Adler a. a. O. S. 160.

ist: die bisher ausgegrabene Länge beträgt fast 30 M.[1]) Die Fundamente lehren, dass es ein geräumiges stattliches dreischiffiges Gebäude war. Die Frontseite desselben muss nothwendig dem Inneren der Stadt zugekehrt gewesen sein, wie seine Lage in dem verhältnissmässig engen Raume zwischen den beiden Thorgassen[2]) und der Umstand zeigt, dass seine feldwärts gerichtete Schmalseite dicht an der die beiden Thore verbindenden Fortificationsmauer liegt, ja sogar mit ihrer Nordecke in dieselbe einschneidet; woraus sich zugleich auch ergibt, dass das Gebäude jünger als diese Verbindungsmauer ist.[3])

Es kann nun wohl keinem Zweifel unterliegen, dass das grosse stark befestigte nordöstliche Thor mit seinen doppelten Eingängen und dem sich anschliessenden säulengeschmückten Brunnenhause das eigentliche Dipylon ist. Nur dieses Thor ist grösser als die sonst in Athen und im Piräeus noch erkennbaren und, wie es scheint, das einzige, welches mit zwei Eingängen neben einander erbaut war.[4]) Auch seine Richtung auf die Akademie lässt sich dafür geltend machen, da wir aus Cic. de fin. V, 1 und Liv. XXXI, 24 wissen, dass der Weg nach der Akademie vom Dipylon ausging. Endlich spricht dafür der Umstand, dass das nordöstliche Thorgebäude, wenn es auch technisch noch nicht so genau untersucht sein mag, dass die Zeit seiner Entstehung sich mit Sicherheit bestimmen liesse, doch offenbar jünger ist als das südwestliche, welches letztere, wie es scheint, nichts im Wege steht dem Themistokles zuzuschreiben.[5]) Was nämlich das Dipylon betrifft, so ist zwar die Zeit seiner

---

1) Vgl. Alten S. 47 und Adler S. 161.
2) Die Entfernung der Thoraxen beträgt an der Feldseite nur 72 M.: Adler S. 168.
3) Vgl. Adler S. 161.
4) Vgl. Alten S. 32.
5) Alten erklärt Thor I für die älteste aller hier vorhandenen Anlagen und hält es für themistokleisch (S. 33 und 43). Adler S. 160 sieht nur den inneren Verschluss desselben als themistokleisch an, in Folge einer Combination, der ich nicht beizutreten vermag. Denn unmittelbar an der Feldseite der die beiden Thore verbindenden Polygonmauer, an welcher der Grenzstein des Kerameikos steht, sind eine Reihe von Gräbern mit ausschliesslich archaischen Thongefässen gefunden worden, woraus denn doch mit Beziehung auf Thukyd. I, 93 geschlossen werden darf, dass hier wirklich die Linie des themistokleischen Mauerrings gegangen ist. S. Koumanoudis in den Πρακτικά v. J. 1874, S. 17 f. Auch ist

Erbauung mit dem bisherigen Material nicht endgültig festzustellen, aber dass gegen Anfang des peloponnesischen Krieges ein Thor dieses Namens in Athen noch nicht existirte, darf aus Plut. Pericl. 30 gefolgert werden, wo das Psephisma des Charinos gegen die Megareer mitgetheilt wird, in welchem es unter anderem hiess, dass der angeblich durch die Schuld jener ums Leben gekommene athenische Herold Anthemokritos am thriasischen Thore bestattet werden solle, 'welches' — so fügt Plutarch jedenfalls nach der ihm vorliegenden Quelle hinzu — 'jetzt Dipylon genannt wird'.[1]) Das bis jetzt älteste Zeugniss für das Dipylon enthält die Inschrift C. Inscr. Att. II, N. 321, ein leider nur in sehr geringen Bruchstücken erhaltener Volksbeschluss aus Ol. 125, 3 (278/7 v. Chr.), in welchem nach U. Köhlers Vermuthung aus Anlass eines bevorstehenden Festes für die Sicherheit der Wege vor dem Dipylon Vorsorge getroffen wird.

Das kleinere südwestliche Thor, welches auf die heilige Strasse nach Eleusis gerichtet ist, hat man eben deswegen allen Grund mit Adler u. a. O. S. 161 und anderen für die nur von Plutarch im Leben des Sulla C. 14 erwähnte ἱερὰ πύλη zu halten. Vielleicht war dieselbe auch in der soeben angeführten Inschrift neben dem Dipylon genannt, falls nämlich dort Frg. b, Z. 11 zu den erhaltenen Worten τῆς ἱερᾶς nicht sowohl ὁδοῦ als vielmehr πύλης zu ergänzen ist. Dieses heilige Thor muss aber zugleich identisch mit dem thriasischen gewesen sein. Es ist schon an sich schlechterdings undenkbar, dass, wie Alten meint[2]), die Strasse nach dem Demos Thria, der ja in

---

das archaische Relief des Diskusträgers nicht, wie Adler behauptet, in der südwestlichen Thorgassenmauer des grossen Thores, sondern 85,80 M. östlich von dem eben erwähnten Horosstein, 15 M. entfernt von dem anderen zugehörigen Stelenfragment und der Basis mit der Inschrift des Xenophantos, in der äusseren Peribolosmauer (49—50 bei Alten) gefunden worden. S. Koumanoudis i. d. Archäol. Ephemeris 1874, S. 485, und vgl. den Plan in den Πρακτικά v. J. 1875.

1) Dieses Psephisma des Charinos, von dem eigentlich so genannten megarischen Psephisma, durch das die Handelssperre gegen Megara verfügt wurde, wohl zu unterscheiden, lässt sich übrigens zeitlich nicht genau fixiren und macht überhaupt erhebliche Schwierigkeiten, die von Ullrich, Das megarische Psephisma S. 36 f., Anm. 61 zum Theil aufgezeigt, aber nicht erledigt worden sind.

2) A. a. O. S. 43. Vgl. auch S. 83. Der Verfasser dieses Aufsatzes hätte überhaupt

der eleusinischen Ebene lag, gleich von Athen aus eine andere gewesen sein sollte, als eben die heilige oder eleusinische Strasse. Pausanias I, 36, 3 erwähnt das Grabmal des Anthemokritos am Anfang der heiligen Strasse: dieses Grabmal lag aber nach der oben angeführten Stelle des Plutarch im Leben des Perikles, zu welcher als zweites Zeugniss noch Harpokration unter Ἀνθεμόκριτος hinzukommt, am thriasischen Thore. Offenbar hatte man den im Dienste des Staates ums Leben gekommenen Herold mit bewusster Absicht gerade vor demjenigen Thore beerdigt, durch welches er gen Megara ausgezogen war, um schon dadurch die Erinnerung an die vermeintliche Unthat der Megareer für alle Zeiten lebendig zu erhalten.¹) Das heilige Thor hat denn auch bereits Leake mit dem thriasischen identificirt.²) Der doppelte Name für ein und dasselbe Thor kann nicht im mindesten auffallen. Wissen wir doch, dass auch Thor des Kerameikos gesagt wurde für Dipylon.³)

Das südwestliche der aufgedeckten Thore, in welchem wir also das heilige oder thriasische wiedererkennen, hat ausser der eleusinischen Strasse offenbar auch eine aus dem Piräeus in sich aufgenommen.⁴) Das lehrt die Richtung der Gräberstrasse, welche in sanfter Curve westlich nach der heutigen piräischen Fahrstrasse sich hinzieht, während ihre östliche Verlängerung gerade auf das genannte Thor stösst. Diese Strasse von Athen nach dem Piräeus ging also mitten durch eine Gräberstätte hindurch, entsprechend der allgemeinen

---

meines Erachtens besser gethan, sich auf das rein Technische zu beschränken, wo wir gern seinem Urtheil die gebührende Beachtung schenken, statt zugleich auch in Fragen der alten Topographie einzutreten, die ihm doch sichtlich zu fern liegen.

1) Das geht schon aus dem Psephisma des Charinos hervor und noch deutlicher aus König Philipps Brief an die Athener bei Demosth. 12, 4: Μεγαρέων γοῦν Ἀνθεμόκριτον ἀνελόντων εἰς τοῦτο ἐλήλυθεν ὁ δῆμος, ὥστε μυστηρίων μὲν εἴργειν αὐτούς, ὑπομνήματα δὲ τῆς ἀδικίας ἔστησαν (ἔστησεν?) ἀνδριάντα πρὸ τῶν πυλῶν.

2) Topogr. S. 164. Vgl. desselben Demen von Attika S. 133, Anm. 326 (d. Ueb.).

3) Vgl. die Stellen bei Wachsmuth S. 260, Anm. 2.

4) Das Grabmal des Anthemokritos wird hiernach, weil an der eleusinischen Strasse gelegen, dem durch Thor I ins Freie Tretenden zur Rechten gewesen sein. Da hier (neben dem Ziegelgewölbe bei Alten T. III) der alte Boden noch nicht freigelegt ist, so wäre es immerhin möglich, wenn auch nicht gerade wahrscheinlich, dass dasselbe oder wenigstens eine Spur von ihm einstmals noch gefunden wird.

Sitte des Alterthums, ebenso wie z. B. die Heerstrasse von Delphi nach Böotien und Attika oder die von Pompeji nach Herculaneum und Neapolis. Von den auf diesem Friedhofe vorhandenen, zum grossen Theil noch aufrecht stehend gefundenen Grabdenkmälern gehören die ältesten dem Anfange des vierten Jahrhunderts an.[1]) Hierdurch schon widerlegt sich die Ansicht Wachsmuths (S. 189 und 629), dass erst in der makedonischen Periode nach der Zerstörung oder dem Verfall der langen Mauern der Fahrweg vom Piräeus zum thriasischen Thore geführt worden sei. Ich bin sogar der Ansicht, dass schon im fünften Jahrhundert jene durch die doppelte Gräberreihe bezeichnete Strasse bestand, oder, um mich vorsichtiger auszudrücken, dass eine Fahrstrasse aus dem Piräeus bereits zur Zeit der höchsten Blüthe Athens an diesem Punkte des Asty mündete. Eine Grossstadt wie Athen musste für den täglichen Verkehr mit ihren Häfen eine das hügelige Terrain umgehende bequeme Fahrstrasse in der Ebene haben. Wenn man einwendet, dass die Fahrstrasse zwischen den langen Mauern oder wenigstens unter dem Schutze des nördlichen Schenkels sich habe befinden müssen, so ist dagegen zu bemerken, dass die Verkehrsstrasse, von welcher wir hier reden, eben für Friedenszeiten bestimmt war: im Kriegsfall konnte man sie verlassen, denn dass es noch andere fahrbare, wenn auch weit unbequemere Wege zwischen Piräeus und Athen gab, deren man in Zeiten der Noth sich bedienen konnte, soll ja selbstverständlich nicht geläugnet werden.[2]) Es begreift sich leicht, dass diese be-

---

1) Das älteste von allen ist wohl das sicher datirbare Reitermonument des Dexileos, welcher unter dem Archon Eubulides Ol. 96, 3 (394/3 v. Chr.) in der Schlacht bei Korinth gefallen war. Ihm mögen zeitlich am nächsten stehen die von Staatswegen errichteten Denkmäler des athenischen Proxenos Pythagoras aus Selymbria und der kerkyräischen Gesandten Thersandros und Simylos, welches letztere Monument mit Wahrscheinlichkeit um das Jahr 375 gesetzt wird (s. C. Curtius, Archäol. Zeitung XXIX, S. 29). Da diese beiden öffentlichen Gräber auf beträchtlich tieferem Niveau liegen, als dasjenige des Dexileos und die sich anschliessenden, so ist anzunehmen, dass die Strasse unmittelbar vor dem Thore ziemlich stark anstieg und erst gegen Ende der erhaltenen Gräberreihen sich allmählich wieder senkte.

2) Ich stimme also in dieser Sache in allem Wesentlichen überein mit dem, was E. Curtius in der Festschrift für Th. Mommsen S. 691 f. sagt. Die Stelle in Xenoph. Hellen. II, 4, 10 ἐχώρουν κατὰ τὴν εἰς τὸν Πειραιᾶ ἁμαξιτὸν ἀναφέρουσαν (näml. die Dreissig), aus

queme Strasse, die aus einem wirklichen Bedürfniss hervorgegangen war, rasch auch die frequenteste wurde, dass man sie fortan als den Hauptweg aus dem Piräeus nach Athen betrachtete und benutzte, wiewohl sie nicht die kürzeste, sondern die längste war. Die heutigen Verhältnisse sind auch für das Alterthum belehrend. Noch jetzt bestehen jene alten, eben durch die natürliche Beschaffenheit des Bodens für alle Zeiten vorgezeichneten Wege, wenn sie auch nicht überall noch genau dieselben Linien einhalten, und zwischen dem Nymphenhügel und der Höhe des h. Athanasios kommt sogar eine keineswegs schlechte Fahrstrasse herauf, um welche die griechischen Provinzen die Residenz beneiden könnten. Allein wie verödet ist diese Strasse, wie auffallend wenig wird sie benutzt! Ich habe auf ihr neben wenigen Fussgängern immer nur einige Lastthiere und Karren, ein paar Mal auch einen abwärts gehenden, niemals dagegen einen von unten heraufkommenden Wagen gesehen. Und diese Verödung ist nicht etwa die Folge des Vorhandenseins einer Eisenbahn. Ist doch auf dem anderen, zu der heutigen Hermes- und Piräeusstrasse führenden Fahrweg, welcher die geringste Steigung hat, der Verkehr auch jetzt noch ein sehr lebhafter, nicht nur Last- sondern auch Personenwagen gehen hier in grosser Zahl, denn vom Schiffe kommend gibt man gern, um weitere Umstände sich zu ersparen, ein paar Drachmen mehr aus und steigt in einen der an der Landungsstelle bereit stehenden Wagen ein.

Das thriasische Thor hat also, da in ihm nicht nur die eleusinische Strasse, sondern auch, so lange es das einzige Thor im Nordwesten der Stadt war, die Hauptstrasse aus dem Piräeus und ohne Zweifel auch der Weg aus der Akademie mündete, einen sehr starken Verkehr in sich aufgenommen, von welchem noch heutigen Tags die abgestossene Ecke des Thurmes am äusseren Verschluss (s. Alten S. 31 und 39 f.) Zeugniss ablegt. Der hier sich zusammendrängende Verkehr ist es nun offenbar hauptsächlich gewesen, der die Anlage eines zweiten grösseren Thores in so geringer Entfernung von dem

---

welcher man auch neuerdings wieder gefolgert hat, dass es damals noch nur eine einzige Fahrstrasse von Athen in den Piräeus gegeben habe (Wachsmuth S. 189, A. 4), beweist dieses um so weniger, als ja hier, wie Curtius richtig bemerkt, nur von der aus der Niederung zum erhöhten Rande des piräischen Mauerrings hinansteigenden Hamaxitos die Rede ist.

ersteren veranlasste, und nur aus dieser Verschiedenheit der Bauzeit erklärt sich einigermassen der an sich und besonders vom fortificatorischen Gesichtspunkt aus allerdings befremdliche Umstand, dass zwei Stadtthore so dicht bei einander lagen.[1]) Nach diesem viel geräumigeren Thore ist dann jedenfalls auch die piräische Fahrstrasse in stärkerer Curve geleitet worden, und es scheint, dass seit dieser Zeit der nach dem kleineren Thore führende Weg etwas vernachlässigt wurde, da einige der hier befindlichen Grabmonumente über die nördliche Flucht hinaus in die Strasse vorspringen.[2])

Das neue Thor wird die Bezeichnung Dipylon von seinen doppelten Eingängen erhalten haben. An sich freilich ist dieser Name ein unbestimmter, der verschiedene Auffassungen zulässt. Auch ein Thor mit zwei Verschlüssen hinter einander konnte offenbar Dipylon genannt werden, wie schon die Analogie des athenischen Enneapylon, unter welchem man wenigstens höchst wahrscheinlich eine Thorgasse mit neun hinter einander liegenden Thoren zu verstehen hat, und der Pentapyla und Hexapyla genannten Thore in Syrakus[3]) lehrt. Und in der That nennt Plutarch de fort. Roman. C. 9 g. E. den Ianus Geminus in Rom τὸ τοῦ Ἰανοῦ δίπυλον. Das athenische Thor freilich kann nicht davon seinen Namen erhalten haben, weil auch das kleinere Thor daneben und die Thore im Piräeus zwei hinter einander liegende Verschlüsse hatten.[4]) Endlich lässt es sich recht wohl denken, dass zwei an sich zwar selbständige, aber nahe benachbarte, durch Fortificationsmauern mit einander verbundene und nach demselben Punkte des Stadtinneren führende Thore unter diesem Namen zusammengefasst werden konnten. Und ich glaube in der That, dass in Athen der ursprünglich nur dem nordöstlichen Thore mit den doppelten Eingängen geltende Name Dipylon vielfach so gebraucht worden ist, dass man auch das südwestliche Thor mit darunter verstand, welches in Folge dessen zwar nicht seinen eigentlichen Namen des thriasischen oder heiligen Thores vollständig einbüsste, aber doch nur selten und wenn man genau sein

---

1) Vgl. Adler S. 161.
2) Vgl. Archäol. Zeit. XXIX, Taf. 42, N. 29 und 35—37.
3) Ueber diese vgl. Göller, de situ et origine Syracusarum S. XIX ff.
4) Vgl. Alten S. 35.

wollte so genannt wurde.¹) Zu dieser Ansicht bestimmen mich vor allem die oben ausführlich besprochenen Stellen des Lukian, aus denen sich, wie wir gesehen haben, mit Sicherheit ergibt, dass zu dessen Zeit der gewöhnliche Weg vom Piräeus nach Athen durch das Dipylon ging, und die sich, wie mir scheint, nur durch eine solche Annahme mit den Fundthatsachen in gehörige Uebereinstimmung bringen lassen. Denn in die Nähe des thriasischen Thores gelangte man, auf der grossen piräischen Fahrstrasse heraufkommend, doch zuerst, und es war wenigstens für Fussgänger schwerlich ein Grund vorhanden, dasselbe zu umgehen und den Weg bis zum eigentlichen Dipylon fortzusetzen, man müsste denn zu der unwahrscheinlichen Annahme greifen wollen, dass das erstere nach Erbauung des anderen für gewöhnlich geschlossen gewesen sei. Die Ausdehnung des Namens Dipylon auf beide Thore im gewöhnlichen Sprachgebrauch konnte um so leichter geschehen, als dieselben zusammen wirklich den Eindruck einer einheitlichen Anlage machen, und man das kleinere einfachere Thor nach Erbauung des grossen einem verschönernden Umbau unterworfen zu haben scheint, um ein harmonisches Ganze herzustellen.²) Dazu kommt, dass die beiden Thorstrassen sehr bald nach ihrem Eintritte in die Stadt zusammengefallen sein müssen, wie schon Adler S. 161 aus der nahen Axendistanz und dem von beiden Axen gebildeten spitzen Winkel ganz mit Recht gefolgert hat. Ja ich bin der Ansicht, dass diese Vereinigung unmittelbar an der Innenseite der beiden Thore auf einem hier sich ausdehnenden freien Platze stattgefunden hat, welchen anzunehmen andere Gründe mich bestimmen, die im Verlauf dieser Abhandlung hervortreten werden.

Wenn also der von Plutarch im Leben des Perikles ausgeschriebene Autor thriasisches Thor und Dipylon gleichsetzt, so gebraucht er den letzteren Namen gleich Lukian in dem angegebenen umfassenderen Sinne; dahingegen Plutarchs Quelle im Leben Sullas C. 14, 5, d. h. höchst wahrscheinlich Sulla selbst, dessen Hypomnemata kurz vorher citirt werden, bei Angabe der Stelle, wo die Römer eine Bresche in die Ringmauer legten und die Stadt

---

1) Eine ähnliche Ansicht scheint auch E. Curtius zu hegen, wenn ich seine allerdings nur andeutenden Worte a. a. O. S. 593 recht verstehe.
2) Vgl. Alten S. 39 f.

erstürmten, begreiflicher Weise das heilige Thor von dem Dipylon im engeren Sinne unterscheidet.[1])

Um nun endlich wieder zu Pausanias zurückzukehren: nur wenn er von dieser Thoranlage, welche die Hauptverkehrsstrasse aus dem Piräeus in zwei an der Innenseite der Thore sich wieder vereinigenden Zweigen aufnahm und an der eigentlichen Schwelle Athens lag, seine Stadtbeschreibung begann, wie es das Natürlichste und den thatsächlichen Verhältnissen allein Entsprechende war, konnte er von einer genaueren Bezeichnung seines Ausgangspunktes Abstand nehmen. Hätte er dagegen wider die Regel seine Leser durch irgend ein anderes Thor geführt, so musste er den Namen desselben unbedingt nennen, und es gäbe für diese Unterlassung weder eine Erklärung noch eine Entschuldigung. Was hätte ihn denn auch bestimmen sollen, einen andren Weg zu wählen? Ist ein vernünftiger Grund dafür denkbar? Auch der heutige Reisende pflegt ja doch dem Zuge des Hauptverkehrs zu folgen, und Pausanias wird es weder selbst anders gemacht noch dem Leser etwas anderes zugemuthet haben. Und diejenigen, welche in Zukunft noch für das piräische Thor eintreten wollen, werden vor allem auf diese Frage eine befriedigende Antwort geben müssen.

Mit diesem durch eine unbefangene Interpretation des Pausanias selbst gewonnenen Resultate stehen eine ganze Reihe von Thatsachen in bestem Einklange.

Ich habe bereits oben bemerkt, dass das erste Gebäude, welches Pausanias nach dem Eintritt in die innere Stadt erwähnt, das Pompeion ist. Die Worte des Periegeten οἰκοδόμημα ἐc παρασκευήν ἐcτι τῶν πομπῶν, ἃc πέμπουcι τὰc μὲν ἀνὰ πᾶν ἔτοc, τὰc δὲ καὶ χρόνον διαλείποντεc zeigen deutlich, dass hier die Ausrüstungsgegenstände für sämmtliche Festzüge aufbewahrt wurden, also auch für den grossen panathenäischen, und es unterliegt keinem Zweifel, dass Pausanias bei den in gewissen Zwischenräumen wiederkehrenden sogar ganz vorzugsweise an diesen gedacht hat, wie schon Leake S. 74, Anm. 1 bemerkte, dem Forchhammer, Topogr. S. 31 nicht hätte widersprechen sollen.

---

1) Hierdurch erledigt sich auch das von mehreren, zuletzt von Wachsmuth S. 192 geäusserte Bedenken, dass Plutarch doch nicht innerhalb weniger Zeilen dasselbe Thor mit zwei verschiedenen Namen genannt haben werde.

Der panathenäische Festzug aber ordnete sich, wie wir aus Thukyd. VI, 57 wissen, im äusseren Kerameikos, also vor dem thriasischen Thore oder dem Dipylon. Nun liegt es doch gewiss sehr nahe anzunehmen, dass das Gebäude, in welchem die bei dieser Procession gebrauchten Geräthe und Gewänder aufbewahrt wurden, eben in unmittelbarer Nähe des Ortes der Vorbereitungen sich befunden habe. Das Pompeion muss ein geräumiges Gebäude gewesen sein. Dies lehrt abgesehen von der nachweislich grossen Zahl der für Pompenzwecke vorhandenen Gold- und Silbergefässe auch die Thatsache, dass in demosthenischer Zeit während einer Theuerung Getreide um geringeren Preis dem Volke in diesem Raume ausgemessen wurde.[1]) Alles dieses stimmt vortrefflich zu dem oben erwähnten grossen dreischiffigen Gebäude, dessen Fundamente zwischen den beiden befestigten Thorgassen aufgedeckt worden sind, an einer Stelle also, die für ein so viele kostbare Gegenstände in sich fassendes Haus kaum passender gewählt werden konnte. Und wie bedenklich auch im allgemeinen derartige Vermuthungen ohne einen inschriftlichen oder sonstigen directen Anhalt sein mögen, so stehe ich doch um so weniger an dasselbe bestimmt für das Pompeion zu erklären, als dadurch auch eine Schwierigkeit im Texte des Pausanias in überraschender Weise sich hebt. Es musste nämlich auffallen, dass Pausanias nach Erwähnung des Pompeion von Säulenhallen spricht, die unmittelbar vom Thore an auf beiden Seiten bis zum Kerameikos liefen. Man war daher in Verlegenheit, wo man hiernach das Pompeion eigentlich anzusetzen habe, und Wachsmuth S. 197 sah sich dem zu Folge genöthigt, den Periegeten gleich bei seinem Eintritte in die Stadt eine kleine Excursion nach der Seite machen zu lassen. Thatsächlich das nämliche war es, wenn Curtius das Pompeion auf oder an den Hügel des heil. Athanasios verlegte.[2]) Eine solche Abschweifung vom eigentlichen Wege gleich beim Eintritte in die Stadt wäre nun an sich schon ziemlich seltsam und würde sicherlich vom Schriftsteller seinem sonstigen Brauche gemäss durch

---

1) Demosth. 34, 39.
2) Att. Studien I, S. 66. Erläuternder Text S. 50. — In andrer Weise suchte sich Bursian, Geogr. v. Griechenl. I, S. 279 zu helfen, indem er im Widerspruche mit Pausanias das Pompeion an die eine Seite der vom Thore nach der Agora führenden Strasse setzte und nur die andre Seite derselben von Säulenhallen gebildet sein liess.

irgend eine Redewendung markirt worden sein. Es widerspricht dies aber auch geradezu der Bezeichnung der Lage des Gebäudes durch den Ausdruck ἐcελ- θόντων, welcher bei Pausanias immer genau zu nehmen ist und 'unmittelbar am Eingange' bedeutet. Dazu kommt noch, dass man in diesem Falle an der rechten Seite eine einfache, nur die Einfassung der Strasse bildende Säulenhalle, durch welche man quer hindurchgehen konnte, anzunehmen hätte, wie in der That auch Curtius, Att. Stud. II, S. 18 thut, eine Annahme, der aber wiederum ein anderes, später zu besprechendes Zeugniss (des Himerios) entgegensteht. Durch die Identificirung des aufgefundenen Gebäudes mit dem Pompeion schwindet jeder Anstoss, denn dessen Frontseite hatte man, sobald man durch den einen oder den anderen der beiden Thorhöfe hindurchgegangen war, unmittelbar entweder zur Rechten oder zur Linken, und es erklärt sich auf diese Weise ganz vortrefflich der sonst ziemlich auffällige Umstand, dass Pausanias das Pompeion vor den von beiden Seiten der Thoranlage auslaufenden Säulenhallen erwähnt. Da, wie oben bemerkt, jenes Gebäude nach der Stadt zu noch nicht vollständig frei gelegt ist, so darf man immerhin der Hoffnung leben, dass in Zukunft noch ein glücklicher Fund die vorgetragene Vermuthung bestätigen werde.[1]) Wir haben damit zugleich auch einen Anhalt für die Zeitbestimmung der die beiden Thore verbindenden Fortificationsanlage erhalten, in welche, wie wir oben sahen, das Pompeion einschneidet. Dieselbe muss hiernach jedenfalls um die Mitte des vierten Jahrhunderts schon vorhanden gewesen sein, da bis nahe dahin die Zeugnisse über das Pompeion hinaufreichen.[2])

1) Ich bin auf diese Vermuthung beim Studium der Ausgrabungsresultate selbst im vergangenen Winter gekommen und habe sie damals auch U. Köhler mitgetheilt. Später habe ich gesehen, dass schon Adler a. a. O. S. 161 an das Pompeion gedacht hat. Nur hätte er nicht den Standplatz der Peplostriere hierher verlegen sollen! Uebrigens ist die obige Begründung der Vermuthung mir eigenthümlich.

2) Ausser Demosth. a. a. O. vgl. namentlich Diog. Laert. II, 43, der ein Erzbild des Sokrates als Werk des Lysippos im Pompeion nennt, und Pseudoplut. Leb. d. 10 Redn., Isokr. g. E., wonach ein Gemälde des Isokrates sich hier befand. — Vor dem demosthenischen Zeitalter lässt sich meines Wissens das Pompeion nicht nachweisen. Aus Stellen wie Thukyd. II, 13 und anderen, an denen der bei den Umzügen gebrauchten Gefässe Erwähnung geschieht, folgt nichts für die Existenz dieses Gebäudes schon im 5. Jahrhundert.

In der Nähe (πληcίον) des Pompeion befand sich nach Pausanias C. 2, 4 ein Tempel der Demeter mit Bildsäulen dieser Göttin, ihrer Tochter und des Iakchos, der eine Fackel in der Hand hielt, und nicht weit davon ein Poseidon zu Pferd im Kampfe mit dem Giganten Polybotes. Auch in dieser Thatsache dürfen wir eine Bestätigung dafür erblicken, dass Pausanias bei Beschreibung des Inneren der Stadt von der neuerdings aufgedeckten nordwestlichen Thoranlage ausgeht. Denn jenes Heiligthum, welches eben wegen des in ihm aufgestellten Cultbildes des Iakchos nach anderen Nachrichten Ἰακχεῖον hiess[1]), stand unverkennbar in der engsten Beziehung zu der feierlichen Procession, die an den grossen Eleusinien mit dem fackeltragenden Bilde des Iakchos an der Spitze durch das thriasische Thor oder Dipylon gen Eleusis sich bewegte[2]) und konnte daher passender Weise an keinem anderen Thore als an demjenigen liegen, von welchem die heilige Strasse ihren Anfang nahm. Da nun zwischen den beiden Thorhöfen, wo das Pompeion errichtet war, für die zwei oben genannten Stiftungen kein genügender Raum mehr ist, dieselben aber andrerseits in dessen Nachbarschaft sich befanden und schon darum nicht hinter den von den Thoren auslaufenden Säulenhallen ihren Standort erhalten können, so werden wir mit Nothwendigkeit darauf hingewiesen, an der Innenseite der Thoranlage einen von Säulen eingefassten freien Platz anzunehmen und auf ihm sowohl den Demetertempel als die Poseidonstatue anzusetzen. Und zwar werden wir wenigstens den ersteren, gemäss dem oben Gesagten, auf die rechte (westliche) Seite dieses Platzes in die unmittelbare Nähe des auf die eleusinische Strasse gerichteten Thores verweisen. Die Annahme eines solchen freien Platzes an einer Stelle der Stadt, wo vier stark benutzte Wege von draussen zusammentrafen und also ein Hauptpunkt des Verkehrs war, liegt ja an sich schon nahe genug und hat auch an Liv. XXXI, 24, 10 'acie intra portam (Dipylum) instructa signa extulerunt' einen Anhalt. Das Dipylon war, wie oben bemerkt worden und wofür unten ein weiteres Argument beigebracht werden wird, in erster Linie erbaut worden, um den in dem kleineren Thore sich zusammendrängenden Verkehr theilweise

---

1) Plut. Arist. 27. Alciphr. Epist. III, 59. Vgl. Böckh C. I. Gr. I, S. 471.

2) A. Mommsen, Heortologie S. 263 vermuthet mit Wahrscheinlichkeit, dass das die Procession führende Bild des Iakchos im Iakcheion aufbewahrt wurde.

abzuleiten. Es hätte nun aber keinen rechten Sinn gehabt, die beiden so nahe an einander befindlichen Thorstrassen auch noch nach ihrem Eintritt in die Stadt eine kleine Strecke lang getrennt fortzuführen und erst darauf sich vereinigen zu lassen, wie dies in dem Curtius-Kaupert'schen Atlas auf Bl. II geschehen ist. Und in diesem Falle müsste ich es allerdings unbegreiflich finden, dass Pausanias dasjenige der beiden Thore, durch welches er uns in die Hallenstrasse führt, nicht näher bezeichnet hat. Der von ihm gebrauchte Ausdruck cτoαì δέ εἰcιν ἀπὸ τῶν πυλῶν ἐc τὸν Κεραμεικόν erlaubt vollkommen unsere Auffassung, dass ein von Säulen eingefasster Platz sich dann zu einer — immer noch beträchtlich breiten — Hallenstrasse verengerte, die zum Kerameikos, d. h., wie wir unten sehen werden, zur Agora hinlief. Und erst dadurch erhalten seine Worte ihre volle Aufklärung.

Es ist von vorn herein sehr wahrscheinlich, dass, wie das Dipylon das grösste Thor Athens war und vor ihm, beziehungsweise dem thriasischen Thore, im äusseren Kerameikos schon zu Perikles' Zeiten die schönste Vorstadt sich erstreckte[1]), so auch die von hier aus zum Markte laufende Strasse, auf welcher der grosse panathenäische Festzug und so viele andere Pompen sich bewegten, zu den schönsten Strassen der Stadt gehörte und sowohl durch ihre Breite als auch durch ihren künstlerischen Schmuck sich auszeichnete. Für das erstere haben wir auch ein directes Zeugniss in der schon mehrfach angeführten wichtigen Stelle des Livius über das Dipylon.[2]) Zu der Vorstellung nun, welche wir uns von dieser Processionsstrasse naturgemäss zu bilden haben, stimmt die nähere Beschreibung, die Pausanias C. 2, § 4—5 von seiner Hallenstrasse gibt, auf das beste. Er sagt uns, dass vor den vom Thore bis zum Kerameikos laufenden Säulenhallen Bildnisse berühmter Männer und Frauen in Erz aufgestellt waren. Es werden, wie schon aus der Allgemeinheit des Ausdrucks sich schliessen lässt, nicht blos Athener und Athenerinnen gewesen sein, vielmehr wird man, wie Curtius, Att. Stud. II, S. 18 bemerkt, Bildnisse

---

1) Thukyd. II, 34.

2) Die Worte 'intra eam extraque latae viae sunt, ut et oppidani derigere aciem a foro ad portam possent' u. s. w. nöthigen keineswegs, mehr als eine Strasse zwischen Dipylon und Agora anzunehmen.

von Hellenen aller Gegenden hier vereinigt haben, um Athen als den Mittelpunkt griechischer Bildung zu kennzeichnen.¹) Die eine dieser Hallen, die Pausanias darauf genauer beschreibt, schloss mehrere Heiligthümer und ein Gymnasion des Hermes in sich. In ihr befand sich ferner das einstige Haus des Pulytion²), welches, nachdem hier Alkibiades und seine Genossen die eleusinischen Mysterien durch nachäffende Darstellung verspottet haben sollten, vom Staate confiscirt und dem Dionysos Melpomenos geweiht worden war. Daselbst (ἐνταῦθα), d. h. also entweder im Inneren des Heiligthums, oder, was viel wahrscheinlicher ist, in dem dazu gehörigen Bezirke, an welchen der Schriftsteller gleich darauf, in seiner Beschreibung fortfahrend, anknüpft, standen Bildsäulen der Athene Paionia, des Zeus, der Mnemosyne, der Musen und Apollons, von denen diese letzte, wenn nicht die ganze Gruppe, als Werk und Weihgeschenk des Eubulides bezeichnet wird³); endlich war hier, in die Wand eingemauert, eine Maske des dionysischen Dämons Akratos, worin vielleicht eine Beziehung auf den im Weinrausch begangenen Mysterienfrevel zu erkennen ist.⁴) Auf das Temenos des Dionysos folgte ein Gebäude mit einer Gruppe von Bildwerken aus Thon, welche die Bewirthung des Dionysos und andrer Götter durch den athenischen König Amphiktyon darstellte; auch stand daselbst eine Statue des mythischen Priesters Pegasos aus Eleutherae,

---

1) Nur darf man nicht mit Curtius a. a. O. und S. 48 daran denken, dass dies schon in perikleischer Zeit geschehen sei, da nach Demosth. g. Lept. § 70 seit den Tyrannenmördern Harmodios und Aristogeiton der Feldherr Konon der erste war, dem die Athener von Staatswegen eine Bildsäule errichteten; eine Ehre, die, wenn sie bis dahin verdienten Bürgern versagt blieb, noch viel weniger anderen Hellenen wird erwiesen worden sein. Vgl. Böckh, Staatshaush. I², S. 348 und in der Ausg. des Pind. II, 2, S. 19. Westermann i. d. Zeitschrift f. d. A.-W. 1844, S. 771. Wachsmuth, Die Stadt Athen I, S. 583 und 589, der aber an der ersteren Stelle die Nachricht bei Demosthenes zu sehr einschränkt.

2) Das Haus des Pulytion war eines der schönsten in Athen und durch seinen Glanz sprüchwörtlich. S. den pseudoplatonischen Dialog Eryxias p. 394 C und 400 B.

3) Näheres darüber unten.

4) Vgl. die von Polemon bei Athen. II, p. 39 C bezeugte Verehrung des Heros Ἀκρατοπότης in Munychia, die man mit G. Hirschfeld i. d. Berichten d. sächs. Ges. d. Wiss., philol.-hist. Cl. 1878, S. 26, Anm. 38 auf die Lebensweise in der Hafenstadt zu beziehen haben wird.

welcher den Dienst des Dionysos bei den Athenern eingeführt haben sollte.[1]) Mag nun auch der Lage jenes Heiligthums, in welches man das Haus des Pulytion umgewandelt hatte, kein Gewicht für die uns beschäftigende Frage beizumessen sein, so scheint es mir dagegen unmöglich den Saal mit der Darstellung der Bewirthung des Dionysos durch den Landeskönig Amphiktyon und der Statue des Pegasos an einer anderen Thorstrasse als an derjenigen sich zu denken, auf welcher der Priester von Eleutherae mit dem Bilde des neuen Gottes das Innere der Stadt betreten haben musste, und auf der eben darum auch am Feste der Anthesterien die Procession mit dem nämlichen alten Xoanon zunächst zum Markte und dann weiter zum Lenäon sich bewegte. Denn diese Pompe stellte ja eben, wie A. Mommsen, Heortol. S. 357 bemerkt, den jedes Jahr sich erneuenden Einzug des Eleuthereus Dionysos vom Lande in das Weichbild von Athen dar, und höchst wahrscheinlich ist die Vermuthung desselben Gelehrten, dass der feierliche Zug bei dem Gastsaal des Amphiktyon werde angehalten haben, um hier eine gottesdienstliche Ceremonie zu vollziehen. Die Athener müssten wahrlich sonderbare Leute gewesen sein, wenn sie die der Erinnerung an den Einzug des Dionysos in ihre Stadt gewidmeten Denkmäler nicht da, wo sie der von der heiligen Sage fixirten Oertlichkeit nach hingehörten, sondern an einer aus ganz anderer Richtung herkommenden Thorstrasse aufgestellt hätten, und wer der sinnvollen Beziehungen sich erinnert, wie sie in der Lage und Anordnung athenischer Stiftungen so vielfach, z. B. auf der Agora und auf der Burg, hervortreten[2]), wird auch in der Erwähnung jener Statuen bei Pausanias unbedenklich einen Beweis für die Identität seiner Hallenstrasse mit der vom Dipylon nach dem Markte laufenden Processionsstrasse sehen. Man darf wohl auch in dem Material der die Bewirthung des Dionysos darstellenden Gruppe eine indirecte Bestätigung dafür erkennen, dass wir uns an dem Standorte derselben im inneren Kerameikos befinden. Denn merkwürdig scheint mir denn doch die Thatsache, dass ausser dem Gastsaal des Amphiktyon nur noch ein öffentliches Gebäude in Athen bekannt ist, welches mit Thonfiguren geschmückt

---

1) Hierüber ausser Pausanias an dieser Stelle und C. 38, 8 auch Schol. zu Aristoph. Acharn. 243.
2) Vgl. auch das oben über das Grab des Anthemokritos Bemerkte.

war, und dass auch dieses im inneren Kerameikos lag, nämlich die C. 3, 1 von Pausanias erwähnte Königshalle, auf deren Ziegeldache Statuen aus gebranntem Thon sich befanden, Theseus den Skeiron ins Meer stürzend und Hemera den von ihr geliebten schönen Kephalos entführend. Es liegt daher nahe zu muthmassen, dass wir es hier wie dort mit Weihgeschenken der Kerameer zu thun haben, die sie in ihrem Demos aufgestellt hatten, und es gereicht dieser Vermuthung zur Stütze, dass Keramos, der Heros Eponymos der Kerameer[1]), ein Sohn des Dionysos und der Ariadne war.[2])

Pausanias hat es unterlassen anzugeben, ob die von ihm eingehender beschriebene Stoa mit den anliegenden Heiligthümern und sonstigen öffentlichen Gebäuden die rechte oder die linke Seite der Strasse einnahm. Die Beschaffenheit des Terrains spricht, wie bereits Curtius, Att. Stud. II, S. 19 bemerkt hat, für die letztere, da hier eine geräumige, für grössere Anlagen vollkommen geeignete Fläche sich ausdehnt, während rechts die Ausläufer der Felshöhen, insbesondere des weit nach Nordosten sich vorstreckenden Hügels, auf welchem das sogenannte Theseion steht, den Raum etwas einschränken.

So natürlich und begreiflich nun die prachtvolle Ausschmückung der Strasse, wie sie Pausanias schildert, bei der Annahme ist, dass auf ihr die grossen Festzüge der Athener wandelten, ebenso befremdlich müsste eine derartige Auszeichnung erscheinen bei einer vom piräischen Thore auslaufenden Strasse, die doch keine Processionsstrasse war, und deren Thor an Bedeutung

---

1) Philochoros bei Harpokr. unter Κεραμεῖς.
2) Pausan. I, 3, 1. — Noch weit mehr Halt würde obige Vermuthung gewinnen, wenn richtig wäre was Pape-Benseler, Wörterb. d. gr. Eigennamen u. d. W. Κέφαλος als 'wahrscheinlich' bezeichnet, dass Kephalos ein Heros der Kerameis in Athen gewesen sei. Allein die dafür angeführten Stellen, nämlich Nonn. Dionys. XLVIII, 680, wo Kephalos ἀμήτοροc ἀcτὸc Ἀθήνης heisst, und Suidas u. d. W. Κεραμεύειν (hier ist in den Worten ἦν δὲ καὶ κεραμέως πατὴρ ὁ Κέφαλος für πατήρ, wie schon Küster sah, πατρόc zu schreiben, nach Schol. Aristoph. Eccles. 253, woher der ganze Artikel entlehnt ist) beweisen nichts weniger als dieses. Kephalos scheint vielmehr Eponymos der Κεφαλῆς gewesen zu sein (Sauppe, d. dem. urb. S. 7), welcher Demos allerdings zu derselben Phyle gehörte wie die Kerameis, nämlich zur Akamantis. Doch lässt sich daraus keine weitere Stütze für meine Vermuthung entnehmen, ebensowenig aus dem Umstande, dass der Eponymos jener Phyle, Akamas, ein Sohn des Theseus war (Pausan. I, 5, 2, u. a.).

und Frequenz schon seit früher Zeit beträchtlich hinter dem thriasischen, dem späteren Dipylon, zurückstand. Gemäss dem oben Gesagten müsste dieselbe noch nach Konons Zeit mit Erzbildern berühmter Griechen und Griechinnen geschmückt worden sein. Wäre ferner diese Strasse wirklich der Weg des Pausanias gewesen, so würde dieser demnach das Hauptthor Athens und die von ihm ausgehende breite und berühmte Processionsstrasse überhaupt gar nicht erwähnt haben, wozu er doch, wenn nicht gleich beim Beginne seiner Stadtbeschreibung, sicherlich beim Uebergang zur Akademie (C. 29, 2) oder auf die heilige Strasse (36, 3) Veranlassung gehabt hätte. Eine ganz ähnliche Bemerkung hat bereits R. Schöll, Jen. Literaturzeitung 1875, S. 686 gemacht, und dieses Argument kann nicht durch den etwaigen Einwand entkräftet werden, dass Pausanias auch eine Reihe anderswoher bekannter Baulichkeiten Athens mit Stillschweigen übergangen habe.

Ueber diese Processionsstrasse haben wir auch ein Zeugniss bei Himerios Orat. 3, 12, das ich seiner grossen Wichtigkeit wegen und weil es neuerdings wieder gründlich missverstanden worden ist ganz hersetzen und eingehend besprechen muss. Es lautet: Πάντωc ἡδὺ καὶ ἀξιάγαcτον οὐ θεᾶcθαι μόνον Παναθήναια, ἀλλὰ καὶ λέγειν τι περὶ αὐτῶν ἐν τοῖc Ἕλληcιν, ὅταν ἐν τῆδε τῇ πανηγύρει τὴν ἱερὰν Ἀθηναῖοι τριήρη τῇ θεῷ πέμπωcιν. ἄρχεται μὲν εὐθὺc ἐκ πυλῶν, οἷον ἔκ τινοc εὐδίου λιμένοc, τῆc ἀναγωγῆc ἡ ναῦc· κινηθεῖcα δὲ ἐκεῖθεν ἥδε (so Dübner mit dem cod. Rom., ἤδη die früheren) καθάπερ κατά τινοc ἀκυμάντου θαλάccηc διὰ μέcου τοῦ Δρόμου κομίζεται, ὃc εὐθυτενήc τε καὶ λεῖοc καταβαίνων ἄνωθεν cχίζει τὰc ἑκατέρωθεν αὐτῷ παρατεταμέναc cτοάc, ἐφ' ὧν ἀγοράζουcιν Ἀθηναῖοί τε καὶ οἱ λοιποί. Der Sophist beschreibt also in diesen Worten einen Theil und zwar den ersten Theil des von dem panathenäischen Festschiff in der Stadt zurückgelegten Weges. Die Triere begann hiernach ihren Lauf unmittelbar vom Thore aus wie aus einem Hafen. Unter diesem Thore kann kein anderes als das Dipylon verstanden werden, da ja, wie bekannt, der im äusseren Kerameikos geordnete Festzug der grossen Panathenäen durch das Dipylon in die Stadt einzog, und da Himerios, wie der erste Satz der angeführten Stelle ganz deutlich zeigt, nicht etwa von den Vorbereitungen zur Procession spricht, sondern von der Procession selbst. Dieses letztere hat gleichfalls schon Schöll a. a. O. richtig gegen Wachsmuth geltend gemacht, welcher in Folge irrthümlicher Auffassung unserer Stelle das heilige Schiff vom piräischen Thore auslaufen lässt. Einen gesonderten Weg desselben vom piräischen Thore aus könnte man allenfalls dann begreifen, wenn sein Aufbewahrungsort in jener Gegend gewesen wäre, der sich aber bekanntlich in der Nähe des Areopags befand.[1]) Dass die Triere vom Dipylon auslief, geht ja obenein ganz klar hervor aus der bekannten Stelle bei Philostratos Vit. Sophist. II, 1, 5 κἀκεῖνα περὶ τῶν Παναθηναίων τούτων ἤκουον, πέπλον μὲν ἀνῆφθαι τῆς νεὼς ἡδίω γραφῆς ςὺν οὐρίῳ τῷ κόλπῳ, δραμεῖν δὲ τὴν ναῦν οὐχ ὑποζυγίων ἀγόντων, ἀλλ' ἐπιγείοις μηχαναῖς ὑπολιςθαίνουςαν. ἐκ Κεραμεικοῦ δὲ ἄραςαν χιλίᾳ κώπῃ ἀφεῖναι ἐπὶ τὸ Ἐλευςίνιον καὶ περιβαλοῦςαν αὐτὸ παραμεῖψαι τὸ Πελαςγικόν, κομιζομένην τε παρὰ τὸ Πύθιον ἐλθεῖν οἳ νῦν ὥρμιςται, woselbst die Worte ἐκ Κεραμεικοῦ ἄραςαν χιλίᾳ κώπῃ nur vom ersten Auslaufen des Schiffes vom Thore an verstanden werden können, nicht etwa von einem nachherigen Weiterlaufen desselben vom Markte aus, wie Wachsmuth S. 287 f. annimmt. Denn Philostratos beginnt ja offenbar erst mit diesen Worten den Lauf des Schiffes zu beschreiben, und zwar den ganzen Lauf desselben von Anfang an, wie schon die Wahl des Ausdrucks αἴρειν, d. i. die Anker lichten, zeigt (man vergleiche dazu des Himerios Worte ἐκ πυλῶν, οἷον ἔκ τινος — λιμένος) und der Zusatz χιλίᾳ κώπῃ bestätigt, welcher andernfalls schon bei dem Infinitiv δραμεῖν hätte stehen müssen. Allein im unmittelbar Vorhergehenden wird nur die behufs Fortbewegung des Schiffes angebrachte Einrichtung beschrieben, und der Nachdruck liegt nicht auf δραμεῖν, sondern auf den Worten οὐχ ὑποζυγίων — ὑπολιςθαίνουςαν. Da nun die Gegend, wo das piräische Thor lag, nicht zum Kerameikos gehörte, so ist hiermit ein unwiderleglicher Beweis für das Dipylon erbracht. — Nachdem die Triere sich vom Dipylon fortbewegt hatte, fuhr sie mitten durch den κατ' ἐξοχήν so genannten Dromos, unter welchem wir also eine Art Corso zu verstehen haben, und in dieser Bezeichnung liegt wiederum ein Beweis dafür, dass der Lauf des Schiffes vom Hauptthore aus und durch die Hauptstrasse ging. Aus den Worten des Himerios κινηθεῖςα δὲ ἐκεῖθεν (nämlich

---

[1] Pausan. I, 29, 1. Vgl. Wachsmuth S. 289, wo der durch Pausanias bezeugte Stationsplatz richtig mit dem von Philostratos angedeuteten identificirt wird (das νῦν in der Philostratosstelle bezieht sich auf die gewöhnliche Zeit im Gegensatz zu der des Festes).

ἐκ πυλῶν) aber ist man berechtigt zu schliessen, dass der Dromos nicht unmittelbar vom Thore an begann, sondern dass zwischen beiden ein Zwischenraum war, da im ersteren Falle jene Worte nicht nur vollkommen überflüssig, sondern geradezu widersinnig sein würden. Hier haben wir demnach eine neue Bestätigung des von mir oben auf ganz anderem Wege gefundenen Resultates, dass an der Innenseite der nordwestlichen Thoranlage sich zunächst ein freier Platz ausdehnte, welcher erst nachher zur Strasse sich verengerte. Der Dromos war auf beiden Seiten von Säulenhallen eingefasst, in welchen Kaufläden der Bürger und der Metöken sich befanden. Das stimmt, wie man sieht, wiederum vortrefflich zu der Hallenstrasse des Pausanias, und man erkennt nun auch, warum letzterer nur die linke Seite dieser Strasse beschrieben, der rechten dagegen keine weitere Berücksichtigung geschenkt hat: jene war eben die geschmücktere, durch eine Reihe heiliger und öffentlicher Gebäude ausgezeichnete, während diese wesentlich dem Kauf und Verkauf diente. Das Letztere sagt Himerios allerdings ganz allgemein von den Säulenhallen der beiden Strassenseiten aus. Allein es müsste als übertriebene Zweifelsucht bezeichnet werden, wollte man daraus ein Argument gegen die Identität des Dromos und der Hallenstrasse des Pausanias ableiten. Denn es hindert doch gewiss nichts anzunehmen, dass in der That auch an der linken Seite neben den von Pausanias genannten sacralen und öffentlichen Gebäuden mehrere Kaufläden sich befanden, wie ja hier auch das erst später profaner Benutzung entzogene Haus des Pulytion stand, und ausserdem ist zu bedenken, dass es dem Himerios gar nicht auf eine genaue Beschreibung der Stoen, sondern vielmehr nur auf die Bezeichnung des von der Festtriere zurückgelegten Weges ankommt. Der Dromos war ferner, seiner Eigenschaft als Feststrasse entsprechend, geradlinig und 'glatt', d. h. er ging nicht bald auf- und bald abwärts, sondern auf gleichmässigem Terrain. Von der Umgebung des Dipylon, dem tiefsten Punkte auch der heutigen Stadt, steigt das Terrain ganz sanft und allmählich nach der Gegend an, wo die Agora der alten Athener gelegen haben muss. Dass im Alterthum die Bodenverhältnisse die nämlichen waren, wenn auch das Niveau der antiken Stadt beträchtlich tiefer liegt als das der heutigen, konnte schon aus der Erzählung Plutarchs im Leben Sullas C. 14, dass nach der Erstürmung Athens durch die Römer das Blut der auf der Agora Niedergemetzelten bis zum Dipylon, ja nach vielen sogar durch das Thor hindurch bis in die Vorstadt geflossen sei, gefolgert werden, sowie auch aus denjenigen Stellen der Alten, an denen von einem Hinabgehen nach der Akademie die Rede ist, z. B. Philostr. Vit. Sophist. II, 1, 3 ὁπότε δὲ ἥκοι Διονύcια καὶ κατίοι ἐc Ἀκαδημίαν τὸ τοῦ Διονύcου ἕδοc, und Pausan. I, 29, 2 κατιοῦcι δ' ἐc αὐτήν (τὴν Ἀκαδημίαν), wo das κατιέναι gewiss auch mit auf die Strecke im Inneren der Stadt bis zum Dipylon zu beziehen ist. Die sanfte aber stete Neigung des Terrains von der Agora nach diesem Thore hin ist aber jetzt auch durch die neuerdings an den Stellen, wo das Niveau der antiken Baulichkeiten und Monumente dieser ganzen Gegend frei liegt, vorgenommenen Messungen erwiesen und bis ins Einzelne festgestellt.[1]) Mit dieser Sachlage steht nun wieder in vollkommener Uebereinstimmung, dass Himerios, welcher bei seiner Beschreibung des von der Triere zurückgelegten Weges naturgemäss seinen Standpunkt bei dem Thore nimmt, von welchem jene ausläuft, den Dromos, durch welchen das heilige Schiff darauf hinsegelt, als einen von oben herabkommenden bezeichnet. Ich habe, so lange ich die Himeriosstelle kenne, die Worte καταβαίνων ἄνωθεν niemals anders aufgefasst und kann mich nur wundern, dass Wachsmuth S. 194 dieselben im entgegengesetzten Sinne interpretirt, als wenn dadurch ausgedrückt würde, dass der Dromos vom Thore hinabgehe. Durch dieses Missverständniss hat er sich in eine Reihe von Irrthümern verwickelt, die seinem ganzen topographischen Gebäude verhängnissvoll geworden sind. Auch Curtius[2]) und Schöll[3]) haben sich durch ihn irre führen lassen, freilich ohne dass dies von so schlimmen Folgen für ihre weiteren Ansichten gewesen wäre. Dass Wachsmuths Auffassung falsch ist, beweist erstens das dem καταβαίνων hinzugefügte ἄνωθεν, welches, wenn ein vom Thore hinabgehender Weg bezeichnet werden sollte, ein vollständig überflüssiger und höchst auffälliger Zusatz sein würde, da ja Himerios, wie schon bemerkt worden, sich selbst an das Thor versetzt. Es wäre das gerade so, als wenn

---

1) S. Kauperts Karten von Athen, ferner Adler, Archäol. Zeit. XXXII, S. 159 und Wachsmuth S. 195. Die Angaben der letzteren weichen übrigens etwas von einander ab, wiewohl beide auf den Messungen von Julius Schmidt beruhen.
2) Erläuternder Text S. 50.
3) A. a. O. S. 687.

jemand auf einem Berge stehend sagen wollte 'der Weg geht steil von oben hinab', statt 'der Weg geht steil hinab'. Zweitens beweist es der vom Lauf der Triere gebrauchte seemännische Ausdruck ἀναγωγή, welcher bekanntlich daher kommt, dass das Meer an der Küste niedriger erscheint als in einiger Entfernung von derselben und demgemäss das Auslaufen in die hohe See bezeichnet. Dieser Ausdruck, welchen zu wählen Himerios ja durch nichts genöthigt war, passt schlechterdings nur — dann aber auch ganz vortrefflich —, wenn die Triere vom Thor wie von ihrem Hafen auf einer sanft ansteigenden Fläche sich nach der Agora bewegte. Dass καταβαίνειν an sich je nach dem Standpunkte, den der Redende einnimmt, sowohl 'hinabgehen' als auch 'herabkommen' bedeuten kann, halte ich nur in Rücksicht auf die mehrfachen Missverständnisse, denen unsere Stelle in neuester Zeit ausgesetzt gewesen ist, für nothwendig besonders zu bemerken. Es wird aber genügen für die letztere Bedeutung eine einzige Stelle anzuführen, Plat. Crit. p. 118 D τὰ δ' ἐκ τῶν ὀρῶν καταβαίνοντα — ῥεύματα. Ganz ähnlich wie Himerios an der hier behandelten Stelle hat sich Pausan. I, 19, 6 ausgedrückt, wo er von seinem Standpunkte am linken Ufer des Ilissos aus das Stadion beschreibend sagt: ἄνωθεν ὄρος ὑπὲρ τὸν Ἰλισσὸν ἀρχόμενον ἐκ μηνοειδοῦς καθήκει τοῦ ποταμοῦ πρὸς τὴν ὄχθην εὐθύ τε καὶ διπλοῦν. Uebrigens hat bereits Leake, Topogr. S. 162, Anm. 1 die Himeriosstelle in der Hauptsache richtig aufgefasst, wie daraus ersichtlich ist, dass er ἄνωθεν durch 'ex acropoli' erklärt, und ebenso Forchhammer, Philol. XXXIII, S. 122, obgleich er nicht nur, wie jener, ἄνωθεν von der Burg statt von der Marktgegend versteht, auf welche es sich, weil der Dromos εὐθυτενής genannt wird, allein beziehen kann, sondern auch sonst einiges Unannehmbare beimischt. Wachsmuth sagt S. 288 mit Beziehung auf diese Erklärung Forchhammers, wie als der 'von oben herabkommende Weg' der zur Akropolis hinaufsteigende Weg habe bezeichnet werden können, sei ihm einfach unbegreiflich: ich glaube gezeigt zu haben, dass diese Auffassung nicht blos begreiflich, sondern dass sie die einzig richtige ist.

Wir wollen, um nichts zu versäumen, nunmehr auch noch das Terrain in Augenschein nehmen, auf welchem Wachsmuth den Dromos des Himerios, den auch er mit der Hallenstrasse des Pausanias identificirt, gehen lässt. Ich habe dasselbe im vorigen Winter von neuem genau und zu wiederholten Malen studirt. Die Strasse, welche vom piräischen Thore, dessen Fundamente ja noch vorhanden sind, ihren Anfang nahm, muss, wie auch Wachsmuth S. 197 und 200 annimmt, zwischen dem sogenannten Theseion und den nördlichen Ausläufern des Areopag hindurch ungefähr auf die Mitte der Agora gestossen sein. Dieselbe ging hiernach vom Thore an zunächst eine Strecke von etwa 100 Schritten lang in mässiger Steigung aufwärts, senkte sich dann in die Niederung westlich von dem flachen Hügel, auf welchem der sogenannte Theseustempel steht, stieg darauf, um die nach Süden und Westen gerichteten Ausläufer dieses Hügels zu überwinden, wieder an, um endlich beträchtlich nach der Agora abzufallen. Das Terrain zeigt dies mit voller Deutlichkeit: heut zu Tage ist freilich der Boden am Ende der modernen Strasse, die zwischen Nymphen- und Athanasioshügel heraufkommt, bedeutend aufgeschüttet und das Terrain südwestlich von dem dorischen Tempel geebnet, aber die ursprüngliche Bodenbildung ist auch hier noch vollkommen erkennbar, man muss nur den westlichen Abhang des Theseionhügels scharf ins Auge fassen. Auf diesem unebenen, wellenförmig sich hebenden und senkenden Terrain also sollte eine prachtvolle Hallenstrasse angelegt gewesen, sollte die panathenäische Peplostriere nach der Agora gelaufen sein? Wie stimmt dazu das Prädicat λεῖος, welches Himerios seinem Dromos giebt? Und konnte eine solche Strasse, die gleich vom Thore an ein gar nicht so geringes Stück bergan lief und erst dann bergab ging, um darauf noch einmal anzusteigen, schlechthin als ein δρόμος καταβαίνων bezeichnet werden?

Also, um die Hauptergebnisse der bisherigen Untersuchung jetzt kurz zusammenzufassen, der Dromos des Himerios und die Hallenstrasse des Pausanias sind ein und dasselbe, und zwar die berühmte Processionsstrasse der Athener, welche von einem freien Platze unmittelbar an der Innenseite des Dipylon in gerader Linie auf sanft ansteigender Fläche nach dem Markte lief. Die neuerdings ausgegrabene Thoranlage verstattet uns hinsichtlich des Ganges dieser Strasse und ihres Verhältnisses zu den beiden Thoren noch weitere Schlüsse zu ziehen. Das nordöstliche grössere Thor, also, wie wir oben gesehen haben, das eigentliche Dipylon, ist derartig orientirt, dass die Hallenstrasse unmöglich in der verlängerten Axe desselben gelegen haben kann. Denn diese Linie stösst gerade auf den Nordabhang des sogenannten

Theseionhügels. Dagegen eine in der Richtung des kleineren Thores laufende Strasse entspricht vollkommen der Vorstellung, die wir uns von einer Processionsstrasse an sich und nach den ausdrücklichen Worten des Himerios bilden müssen: eine solche ging südöstlich, in schnurgerader Linie, den Nordabhang des genannten Hügels rechts lassend, auf gleichmässigem sanft ansteigenden Terrain nach der Agora und erreichte dieselbe in der Nähe der Gigantenstatuen. Das also war der wirkliche Lauf der Hauptstrasse nach dem Markte. Aus dieser Thatsache ergeben sich mehrere sehr wichtige Folgerungen. Die Strasse muss schon vorhanden gewesen sein, ehe das Dipylon erbaut wurde, da man andernfalls die Richtung dieses viel grösseren und schöneren Thores und die Strassenflucht doch sicherlich mit einander in Uebereinstimmung gebracht haben würde. Sodann zeigt sich daraus zugleich, dass nur die Rücksicht auf den starken Verkehr an diesem Punkte der Stadt zur Anlegung eines zweiten Thores unmittelbar neben dem thriasischen veranlasst haben kann. Drittens wird auch durch diese Sachlage wiederum meine obige Vermuthung bestätigt, dass die beiden Thorstrassen nicht auch innerhalb der Stadt noch getrennt fortliefen, sondern sich sogleich auf einem freien Platze vereinigten, von welchem dann der Dromos seinen Anfang nahm. Curtius, nach dessen Darstellung im Atlas von Athen Bl. II der Dromos unmittelbar von dem grösseren Thore ausging und die vom kleineren Thore herkommende Strasse erst, nachdem sie eine Strecke lang getrennt gelaufen war, in den ersteren einmündete, ist eben deshalb genöthigt, denselben eine Curve beschreiben zu lassen, was dem Zeugnisse des Himerios, der ihn εὐθυτενής nennt, widerspricht.

Solcher geradlinigen, regelmässigen und breiten Strassen, wie der Dromos bezeugter Massen war, wird es auf dem hügeligen Terrain Athens nur sehr wenige gegeben haben. Wir wissen, dass die berühmte Stadt schlecht und winkelig gebaut war. Dikaearch Descript. Graec. I, 1, S. 98 Müll. nennt sie eine κακῶς ἐρρυμοτομημένη διὰ τὴν ἀρχαιότητα. Wenn man die Prädicate εὐθυτενής τε καὶ λεῖος erwägt, die dem Dromos gegeben werden, und ferner bedenkt, dass diese Strasse jedenfalls in der zweiten Hälfte des fünften Jahrhunderts im wesentlichen schon so bestanden haben muss, wie sie Pausanias und Himerios beschreiben, da ja in ihr das prachtvolle Haus des Pulytion lag, so drängt sich die Vermuthung auf, dass sie von dem Milesier Hippodamos, dem Erbauer der regelmässigen Piräeusstadt, möge angelegt worden sein. 'Athen selbst umzugestalten war unmöglich,' sagt Curtius[1]) mit Beziehung auf die Thätigkeit jenes Architekten im Piräeus allerdings richtig. Aber den Athenern wenigstens eine allen Regeln des neuen Stils entsprechende Haupt- und Feststrasse zu geben gehörte wohl nicht zu den Unmöglichkeiten. Jedenfalls erinnert der geradlinige und ebenmässige Lauf des athenischen Dromos unwillkürlich an den Ἱπποδάμειος τρόπος.[2])

Vielleicht haben die von Ross[3]) beschriebenen Säulenstümpfe, welche einem unterirdischen, die Stadt in westlicher Richtung durchziehenden und bei Hagia Triada mündenden Kanal als Stütze dienen, unserer Hallenstrasse angehört. Nachdem Ross mit Forchhammer und mehreren Architekten unweit des sogenannten Theseustempels in diesen Kanal hinabgestiegen war und sich östlich gewandt hatte, sah er nach einer kurzen Strecke auf der nördlichen Seite desselben 30—32 canelirte, 'dem Anschein nach' dorische Säulentrommeln aus gelblichem Porosstein, die, alle von gleicher Grösse, 2—3 Schuh hoch aus dem Schlamm hervorragten. Nicht alle Säulen standen in gleicher Entfernung, dagegen 'in einer fast ganz geraden Linie'. Sie laufen 'nach ungefährer Berechnung' gerade unter der Kirche des heiligen Philipp. Diese Kirche liegt in der Niederung wenig nordöstlich vom sogenannten Theseion und nördlich von den Schlangenfüsslern.[4]) Hiernach müssten die Säulenreste, falls sie nämlich noch an ihrem alten Platze stehen, dem Ende der Hallenstrasse, wo dieselbe auf die Agora stiess, angehören. Forchhammer freilich, der Hellenika I, S. 64 f. desselben Kanals gedenkt und dann in der Zeitschrift f. d. A.-W. v. J. 1838, Sp. 475 ff. mit speciellem Bezug auf das von Ross Berichtete auf die Sache zurückkommt, bestreitet mit Entschiedenheit dessen

---

1) Zur Geschichte des Wegebaus bei den Griechen, Abhandl. der k. Akad. der Wissensch. zu Berlin, 1854, S. 299.
2) Aristot. Polit. VII, 10. Vgl. über diese Bauweise Wachsmuth, Stadt Athen I, S. 560 f. und G. Hirschfeld a. oben angef. O. S. 2 f. und 12.
3) Erinnerungen u. Mittheilungen aus Griechenl. S. 164 ff., auch Archäol. Aufsätze I, S. 155 f., wo aber der ursprünglich in den Blättern f. literar. Unterhaltung 1835 erschienene Bericht nicht ganz vollständig wiedergegeben ist.
4) Vgl. den Atlas von Athen Bl. III.

Ansicht, dass die Säulentrommeln, wenn auch hie und da etwas verschoben, noch an ihrem alten Platze stehen, und ist der Meinung, dass sie erst in späterer Zeit zur Ausbesserung der alten Wasserleitung herbeigeschleppt worden.[1]) Wie dem auch sein möge, weit wird man sie schwerlich hergeholt haben.

In welchem Verhältniss zum Dromos die alte Strassenflucht stehe, welche neuerdings unter der Stoa des Attalos nachgewiesen worden ist[2]), muss bis auf weiteres unentschieden bleiben. Nur so viel sei bemerkt, dass die Richtung derselben der von mir für den Dromos angenommenen ungefähr zu entsprechen scheint, und es mag diejenige Strasse sein, die vor Anlegung des letzteren nach dem thriasischen Thore führte.

Wir haben oben gesehen, dass an der von Pausanias näher beschriebenen Seite der Hallenstrasse unter anderem ein Heiligthum des Dionysos Melpomenos lag, und dass hier Bildsäulen der Athene Paionia, des Zeus, der Mnemosyne, der Musen und des Apollon sich befanden. Nach der gewöhnlichen Lesart wäre diese ganze Gruppe nicht nur das Werk, sondern auch das Weihgeschenk des Bildhauers Eubulides gewesen. Die Vulgata lautet nämlich: Ἐνταῦθά ἐστιν Ἀθηνᾶς ἄγαλμα Παιωνίας καὶ Διὸς καὶ Μνημοσύνης καὶ Μουσῶν Ἀπόλλωνός τε ἀνάθημα καὶ ἔργον Εὐβουλίδου. Statt dessen bieten aber eine Reihe von Handschriften, und zwar die besten, nämlich die vier pariser, die beiden leydener, die vaticanische und die münchener, die Lesart Ἀπόλλων τε, wonach also nur die Apollostatue als von Eubulides gefertigt und geweihet bezeichnet wird. Schubart hat diese Lesart in seine Textausgabe aufgenommen, und mit Recht, wie es scheint, da sie nicht nur besser bezeugt, sondern auch

---

1) Unter dem Kanal, dessen Decke die Säulentrommeln theilweise tragen, kann nur entweder die Wasserleitung der heil. Triada oder die Cloake zu verstehen sein, welche beide beim Dipylon münden und durch die Stadt zum Theil parallel in geringer Entfernung von einander laufen. Ueber beide s. E. Ziller i. d. Mittheilungen d. d. archäol. Instit. in Athen II, S. 116 ff. mit Taf. VII. Vgl. auch Atlas v. Athen Bl. II. — Es ist zu bedauern, dass sich nichts Genaueres über die oben erwähnten Säulenreste ermitteln lässt. Seit Ross und Forchhammer hat sie niemand gesehen. Bei meinem jüngsten Aufenthalte in Athen sagte man mir auf mein Befragen, der von Ross bezeichnete Kanal sei jetzt so stark verschlammt, dass niemand mehr in ihm vorzudringen vermöge.

2) S. Adler, Archäol. Zeitung XXXII, S. 124.

deshalb der anderen vorzuziehen ist, weil es geringe Wahrscheinlichkeit hat, dass ein Privatmann und zwar der Künstler selbst eine Gruppe von nicht weniger als dreizehn Statuen sollte geweihet haben.[1]) Nun ist bekanntlich im Jahre 1837 bei der Grundlegung zu dem Hause des Oberstabsarztes Treiber am Ausgange der Hermesstrasse[2]) neben den Ueberresten eines mächtigen Postaments aus Porosquadern und mehreren marmornen Statuenfragmenten auch eine grosse Platte von hymettischem Stein gefunden worden, auf deren Rande die von Ross mit Sicherheit ergänzte Inschrift Εὐβουλίδης Εὔχειρος Κρωπίδης ἐποίησεν steht.[3]) Ross war daher der Ueberzeugung, dass das in seinen Trümmern entdeckte Monument mit dem von Pausanias erwähnten Weihgeschenke des Eubulides identisch sei, ohne übrigens die richtigen topographischen Consequenzen daraus zu ziehen, welche im Fall der Identität beider mit Nothwendigkeit sich ergeben. Da indessen jene Inschrift den Eubulides nur als den Künstler, nicht auch zugleich als den Stifter des Weihgeschenks bezeichnet, so wurde diese Ansicht in der Folge fast allgemein bestritten und dem Funde jeder Werth für die Topographie Athens abgesprochen. Die Ausgrabung der beiden Thore im Nordwesten der Stadt und die dadurch ermöglichte genauere Bestimmung des Laufes der Hallenstrasse verleihen ihm ein erneutes topographisches Interesse. Der Dromos muss gemäss dem oben Ausgeführten gerade zwischen dem Treiber'schen Hause und den nördlichen Ausläufern des sogenannten Theseionhügels hindurchgegangen sein. Aus den Terrainverhältnissen ergab sich als sehr wahrscheinlich, dass die von Pausanias eingehender beschriebene Seite desselben die linke war. Hierzu stimmt die Lage jenes Hauses. Die Entfernung desselben von der Innenseite der Thor-

---

1) Freilich liesse sich wohl auch denken, dass nicht alle neun Musen dargestellt waren, wie dieselben ja auch auf Vasenbildern und sonst nicht immer in voller Zahl erscheinen, s. K. O. Müller, Handb. der Archäol. § 393, 2. Vgl. auch Preller, Gr. Mythol. I, S. 386 d. 2. Auflage.

2) Das topographisch wichtige Treiber'sche Haus ist endlich in dem Curtius-Kaupert'schen Atlas von Athen auf Bl. III verzeichnet. Es liegt gerade gegenüber der Bahnhofsrestauration an der rechten Seite der Hermesstrasse, wenn man von oben herabkommt, und war noch zu Anfang dieses Jahres das letzte Haus der Strasse.

3) Archäol. Aufsätze I, S. 148.

anlage, welche ungefähr 200 Schritte beträgt, lässt vollkommen genügenden Raum für die ἱερὰ θεῶν und das Gymnasion des Hermes, welche Gebäude Pausanias vor dem Bezirke des Dionysos erwähnt. Diese Heiligthümer werden ohnedies nicht von grossem Umfange gewesen sein, da der Perieget nicht einmal ihre Namen nennt, und es steht ja nichts der Annahme im Wege, dass dieselben zum Theil noch an dem oben erschlossenen freien Platze, hinter den östlich ihn einfassenden Säulen, lagen. Auch das Gymnasion des Hermes, welches sonst nirgends erwähnt wird, kann nicht sehr ausgedehnt und bedeutend gewesen sein.[1]) Mein Standpunkt in der ganzen Frage ist daher folgender. Wenn man in der Gegend, wo nach allen Ermittelungen die Hallenstrasse des Pausanias gegangen sein muss, an einer Stelle, die in jeder Beziehung für den Standort des von Eubulides angefertigten und geweihten Denkmals passt, die Reste eines Monumentes mit einer Inschrift findet, welche sich auf ein Kunstwerk des Eubulides bezieht, so ist man wohl berechtigt so lange an der Identität beider festzuhalten, als nicht ganz zwingende Gründe vorhanden sind, die davon abzusehen nöthigen.[2]) Die Gründe aber, die man bis jetzt dagegen vorgebracht hat, scheinen mir denn doch nicht dieser Art zu sein. Bereits G. Hirschfeld hat hervorgehoben[3]), dass es von der Blüthezeit der Kunst an gerechnet keine einzige Künstlerinschrift in Athen gibt, welche auch nur annähernd so grosse Buchstaben hätte und einen so ausgedehnten Raum einnähme, wie die auf dem Treiber'schen Grundstück gefundene des Eubulides, und dass diese ungewöhnliche und anspruchsvolle Form von vorn herein die Vermuthung erweckt, dass der Künstler zugleich der Weihende gewesen sei. Wer die Inschrift selbst gesehen hat[4]), wird dem vollkommen beistimmen. Will man der Vulgata folgend die ganze Statuengruppe als Werk und Weihgeschenk des Eubulides betrachten, so kann man allerdings mit Ross a. a. O. S. 148, Anm. 8 an eine Fortsetzung der Inschrift auf einer anstossenden Platte

---

1) Vgl. Wachsmuth I, S. 648, Anm. 2.

2) Ich sehe aus dem Atlas von Athen S. 14, dass Curtius jetzt die Identität anerkennt.

3) Archäol. Zeitung XXX, S. 27 f.

4) Sie befindet sich jetzt im Hofe des Patissiamuseums, rechts vom Eingang, in der neunten Reihe der hier aufgestellten Monumente.

denken, wo dann der Künstler auch als der Weihende bezeichnet gewesen wäre; denn dass auf der Inschriftfläche nach ἐποίηκεν noch M. 0,23 freier Raum ist, würde nicht dagegen sprechen, da ja doch bei einem so grossen Monumente — der Sockel desselben, so weit er aufgedeckt worden, hatte acht Meter Länge — eine absichtliche Vertheilung der Künstler- und Weihinschrift auf mehrere Platten ganz natürlich erscheinen müsste. Aber auch für den Fall, dass nur der Apollo von Eubulides zugleich gefertigt und geweiht war, dürfte sich ein Erklärungsgrund für das Fehlen des Wortes ἀνέθηκεν in der Inschrift finden lassen. Ich möchte zwar nicht ohne weiteres mit Hirschfeld sagen, dieser Zusatz sei unnöthig gewesen, wenn ein anderer Stifter eben nicht angegeben war. Es kann aber kaum einem Zweifel unterliegen, dass der Apollo mit den vorher genannten Statuen ein zusammengehöriges Ganze bildete. Das lässt sich, wie schon Forchhammer in der Zeitschrift f. d. A.-W. 1838, Sp. 468 bemerkt hat, aus dem Wesen dieser Götter schliessen, welche sämmtlich als Götter des Gesanges und der Musik in dem Temenos des singenden Dionysos scheinen vereinigt worden zu sein. Unter diesen Umständen spricht mich die Vermuthung an, welche Schubart in seiner Uebersetzung des Pausanias S. 8, Anm. 4 geäussert hat, es möge von den Athenern die ganze Gruppe bei Eubulides bestellt worden sein und dieser aus Dankbarkeit für die übertragene grosse Arbeit die Herstellung des Apollo auf eigne Kosten übernommen haben.[1]) Bei dieser Annahme könnten die Worte καὶ ἀνέθηκεν mit wohlbedachter Absicht ausgelassen und die Weihung eben nur durch die abweichende Form der Künstlerinschrift in einer doch jedem verständlichen Weise angedeutet gewesen sein. — Jedenfalls war die Stätte des Treiber'schen Grundstücks der Standort einer grösseren Anzahl von Bildsäulen und unter ihnen einer Athene. Ausser den von Ross erwähnten Sculpturen, nämlich der weiblichen Kolossalstatue, welche von ihm für die Athene Paionia gehalten wurde[2]), und den beiden männlichen Porträtköpfen, die nicht zu der von Pausanias erwähnten Gruppe gehören können, ist später noch ein trefflich gearbeiteter kolossaler weiblicher Kopf aus Marmor hier gefunden

---

1) Dem, was Schubart a. a. O. dann noch weiter sagt, vermag ich mich indessen nicht anzuschliessen.

2) Dieselbe ist jetzt in einem Saale des Patissiamuseums auf dem Boden gelagert.

und von Treiber der archäologischen Gesellschaft zum Geschenk gemacht worden, die ihn im Barbakeion unter der Nummer ΑΙΘ. 2370 aufgestellt hat.[1]) Dieser bis auf die Nasenspitze und den rechten Nasenflügel sehr gut erhaltene Kopf, welcher ehemals, wie untrügliche Spuren zeigen, einen metallenen Helm trug, hat sicher einer Statue der Athene angehört.

In der bisherigen Untersuchung ist stillschweigend vorausgesetzt worden, dass Pausanias unter dem Namen Kerameikos weiter nichts als den Markt verstanden habe. Diese Voraussetzung bedarf noch einer Begründung, wenn auch die Berechtigung derselben theilweise schon von anderen, zuletzt von Curtius und Wachsmuth, aufgezeigt worden ist. Denn gerade darin, dass Pausanias sagt, es laufen Hallen von dem Thore 'bis zum Kerameikos', hat man von jeher den entscheidenden Grund gegen die Ansicht erblickt, dass derselbe bei seiner Stadtbeschreibung vom Dipylon ausgegangen sei, weil dieses unmittelbar vom äusseren in den inneren Kerameikos führte. Dieses Argument würde in der That von wirklicher Bedeutung sein und allerdings gegen das Dipylon Zeugniss ablegen, wenn Pausanias anderwärts einen äusseren und inneren Kerameikos unterschiede oder überhaupt den Demos dieses Namens anführte. Dieses ist nun aber nicht der Fall. Er kennt den Kerameikos nicht als Gau, sondern nur als ein χωρίον (C. 3, 1), d. h. als ein Quartier oder einen grösseren Platz im Inneren der Stadt, und zeigt damit und durch seine weitere Beschreibung desselben, dass er diesen Namen ganz in dem Sinne von ἀγορά gebraucht. Man erwäge doch: hätte Pausanias gewusst, dass der innere Kerameikos vom Dipylon begann, und dass der Markt nur ein Theil desselben war, würde er dann, selbst wenn er vom piräischen Thore ausgegangen, nach Beschreibung der von seinem Thore bis zum Kerameikos führenden Hallenstrasse haben fortfahren können: 'Der Kerameikos hat seinen Namen von einem Heros Keramos, welcher auch für einen Sohn des Dionysos und der Ariadne ausgegeben wird. Zuerst ist da zur Rechten die sogenannte Königshalle'? So konnte er sich vernünftiger Weise doch nur dann ausdrücken, wenn er einen abgeschlossenen, vollständig umgrenzten Raum im Auge hatte, d. h. wenn er den Namen Kerameikos auf den

---

1) In den Protokollen der archäologischen Gesellschaft, in welchen ich nachschlagen liess, ist leider gar nichts über die näheren Umstände des Fundes enthalten.

Markt beschränkte, wo eben die Königshalle nachweislich lag. In Beziehung auf den ganzen inneren Kerameikos hätte ja diese topographische Fixirung gar keinen Sinn. Und nun gibt Pausanias im Folgenden eine detaillirte Marktbeschreibung, ohne jemals das Wort ἀγορά zu gebrauchen, führt uns auch — die Abschweifung nach der Enneakrunos lasse ich hier unerörtert — C. 14, 6 mit den Worten Ὑπὲρ δὲ τὸν Κεραμεικὸν καὶ στοὰν τὴν καλουμένην βαcίλειον auf einen über den Markt hinaus, aber in seiner unmittelbaren Nähe gelegenen Platz, kehrt dann mit C. 15 wieder auf den Markt zurück, und erst am Ende seiner ganzen Marktschilderung, C. 17, 1, bedient er sich zum ersten Male des Ausdrucks ἀγορά, und zwar ohne weiteres mit der Wendung Ἀθηναίοιc δὲ ἐν τῇ ἀγορᾷ καὶ ἄλλα ἐcτὶν οὐκ ἐc ἅπανταc ἐπίcημα καὶ Ἐλέου βωμόc, zum deutlichen Beweise, dass für ihn ἀγορά und Κεραμεικόc vollständig identische Begriffe waren.

Der Gebrauch des letzteren Wortes ganz im Sinne des ersteren ist freilich eine Ungenauigkeit, ein Missbrauch, wenn man will, welchen aber nicht Pausanias allein, sondern überhaupt das spätere Alterthum verschuldet hat, und der leicht aufkommen konnte, wenn man bedenkt, dass die Agora eben der wichtigste Theil des Kerameikos war, und dass dem Markte angehörige Stiftungen häufig als im Kerameikos befindlich bezeichnet wurden.[1]) Wachsmuth hat S. 186 f. mehrere Stellen aus späteren Autoren angeführt, an denen Κεραμεικόc klärlich nichts anderes als ἀγορά bedeutet. Für diese Verengerung des Begriffes eines ursprünglich mehr umfassenden Namens haben wir eine unabweisbare Analogie an dem Namen Pnyx[2]), welcher in alter Zeit unzweifelhaft ein Bergname war und zwar den ganzen Höhenzug vom Museion bis zum Nymphenhügel oder zur Höhe des heil. Athanasios bezeichnete, und ebenso an demjenigen von Kollytos[3]), welcher Gauname in späteren Zeiten insbesondere von einer Strasse dieses Gaues gebraucht ward. Man wird nun doch jedenfalls viel leichter sich entschliessen dürfen, dem späten Pausanias, der ja auch sonst nicht die geringste Kenntniss der sei es ganz oder theil-

---

1) K. O. Müller hat im Index schol. der Universität Göttingen f. 1840—1841, S. 8 eine ganze Reihe von Stellen dieser Art gesammelt. Vgl. auch Curtius, Att. Stud. II, S. 16.
2) Curtius, Att. Stud. I, S. 51.
3) Wachsmuth S. 186. Vgl. S. 553.

weise innerhalb der Stadt gelegenen Demen zeigt, einen solchen immerhin
ungenauen Gebrauch des Wortes Kerameikos (für Agora im Kerameikos) zu-
zutrauen, als zu glauben, wozu man entgegengesetzten Falls gezwungen ist,
dass er seine Beschreibung Athens mit einem auch bei dem schlechtesten
Periegeten unbegreiflichen und unverzeihlichen Unterlassungsfehler begonnen
und seine Leser durch ein anderes als das Haupt- und eigentliche Verkehrsthor in die berühmte Stadt eingeführt habe.

Hieran kann auch der neuerdings gleich westlich vom eigentlichen Dipylon an der Fortificationsmauer in situ gefundene, oben erwähnte Grenzstein
durchaus nichts ändern, welcher übrigens mit seiner Inschrift ὅρος Κεραμεικοῦ
an beiden Seitenflächen vor der Hand noch manches Räthsel aufgibt. Und
wenn ihm wirklich der an der anderen Seite des grösseren Thores in ver-
stümmeltem Zustande entdeckte Grenzstein, dessen gleichfalls oben gedacht
ist, entsprochen, d. h. ehemals die nämliche Inschrift getragen hat, so scheint
auch dieses, wenn auch wiederum in anderer Weise, zu zeigen, dass der Name
Kerameikos in späterer Zeit auf ein engeres Gebiet beschränkt worden ist.
Man sieht sich nämlich in diesem Falle doch wohl zu der Annahme genöthigt,
dass derselbe später im engern Sinne nur eine Strasse des äusseren Kerameikos,
und zwar die vom Dipylon nach der Akademie führende, bezeichnet habe, so dass
es ihm also ganz ähnlich ergangen wäre wie dem Namen Kollytos. Denn dass
die beiden Grenzsteine die Trennungslinie zwischen dem inneren und dem
äusseren Kerameikos fixirt haben sollten, wie Adler meint[1]), kann ich zumal
bei der Art, wie die Inschriften orientirt sind, keinesfalls für richtig halten.

Wachsmuth ist, wiewohl er die spätere Verengerung des Gaunamens
Kerameikos zum Begriffe der Agora mit anerkennenswerther Unbefangenheit
zugegeben und selbst auch zur Klarstellung dieser Thatsache beigetragen hat,
nichtsdestoweniger durch einen aus dem Gange der Marktbeschreibung des
Pausanias gezogenen Schluss[2]) bewogen worden sich für das piräische Thor
als Eingangsthor des Periegeten zu entscheiden. Dieser Schluss ist nach
meiner festen Ueberzeugung ein Fehlschluss und als solcher, wie ich denke,
unschwer nachzuweisen. Es kann aber dieser Nachweis eben nur im Zu-

---

1) Archäol. Zeitung XXXII, S. 160.
2) S. 199 f. Vgl. S. 176 und 181 f.

————— in einer ……… Erörterung der gesammten Markttopographie ……… ……… ……… für einen anderen Ort vorbehalten muss, wo ……… ……… ……… ……… mit der ……… unmittelbar sich berührende ……… ……… ……… Sollte es aber wie bis jetzt, wie ich allerdings ……… ……… ……… ……… dass Pausanias in seiner Beschreibung ……… von einem anderen Thore aus dem ……… ausgegangen sei, auf eine ……… ……… meiner ……… welche bisher noch schwankend oder ……… ……… ……… waren, ……… Art endgültig nachgewiesen ……… ……… und in einen etwas tieferen Einblick in die Einrichtung und ……… der ……… ……… erlangt haben, so würde ich dies immerhin als ……… ……… für die ……… Disciplin betrachten dürfen, welcher die ……… ……… verwandte Zeit und Mühe genugsam lohnt.

———•———